果斷拒絕——
利用你的善良來剝削感情的人

你不用看別人臉色
也可以活得很好

당신 생각은 사양합니다 

한경은

韓慶銀——著　胡椒筒——譯

重要之事絕不可受芝麻綠豆小事的牽絆。

——歌德

前言

「為什麼我這麼在意別人的眼光呢？」

「怎麼做才是愛自己呢？」

這是我做心理諮商以來最常聽到的問題，所以希望可以用這本書來代替作答。首先簡單來講，人們之所以會在意他人的眼光，是因為不想挨罵、不想被孤立。也就是說，人們想要保護難以承受指責和失敗的脆弱的自己，以及為了滿足歸屬的欲求。因為我們在內心深處都希望討好他人，以此得到對方的認可與愛。愛自己的方法是，不僅只疼愛令自己滿意的自己，也要接受不完美的自己。說句些許教人心疼的話就是，必須放棄對自己的期待。當然，這句話說來容易，卻很難做到。即使再三嘗試也還是做不到，甚至還會懷疑這樣做真的可行嗎？這樣做真的可以。如果我們能更從容一些，才會變得幸福起來。通過閱讀書中他人的治癒過程，想必讀者會在不知不覺中提高對自己本身和生活的滿足度。

這本書是寫給那些孤軍奮戰，只為了得到他人認可的人們。同樣也是寫給那些總是在意他人的眼光、不想被人發現自己的不足之處而竭盡努力的、擁有很強的責任感的，以及有禮貌且很善良的人們。如果你受到了那些自稱為了你好，卻在榨取你的無禮之人的傷害，那請讀一讀這本書吧。雖然有時不安和恐懼會成為生活的動力，但我還是希望能與那些時刻都會陷入職場疲勞症候群的人們分享一下生活美學。難道沒有既能保護自己，又能與他人好好相處的方法嗎？或許有，也或許沒有。這完全取決於每個人各自的情況和內在的力量。有時，口口聲聲說愛我的人會變成敵軍向我襲來，這時應該守護自己，還是守護彼此的關係呢？希望讀者通過閱讀這本書，找到屬於自己的答案。

希望成為一個善良、優秀、有能力的人，為什麼會這麼辛苦呢？因為總是要謙讓別人；因為必須壓抑自己的想法，只做該完成的事，而且不允許自己有失誤；因為不願給別人添麻煩，凡事都要察言觀色；因為太過出眾很危險，但又不甘心只做一個隱形人；因為擅長觀察別人的眼色，卻不會拒絕別人。正是因為這樣，我們的心才會打了硬硬的結。不僅如此，我們還不善於表達，就因為無法表達討厭、厭煩和想一個人靜靜的心情，所以才會累積怒火。每當想到長期以來自己只有奉獻，沒有收穫，心裡就會很不是滋味。彷彿只有自己在努力，為此感到委屈。不僅如此，還會覺得沒有人理解自己，進而陷入更嚴重的自憐自傷中。你問我，怎麼會如此了解這些事？其實，這都是我自己的故事。

自從開始學習心理學，我便產生了這樣的想法，「我不想再因為別人而受傷」、「我不要再順從媽媽的意思，我要做自己想做的事」。但這很難說到做到，只有有經驗的人才能得心應手。凡事不先顧及別人，先為自己著想，總覺得有罪惡感。「要聽媽媽的話，才會有糖果吃」、「不要和小朋友吵架，要乖乖聽老師的話」這些話從我會寫名字開始，不，應該是從更早以前就烙印在我的心裡。內心一直命令我要做一個聽大人話、跟小朋友和睦相處，並且成績優秀的好孩子。

執行這種命令的人，最想在人際關係裡獲得什麼呢？很多人的答案是「希望對方能夠接受自己原本的樣子，愛現在的自己。」不光是善良的人會有這種認可和愛的欲求，對人類而言，除了生存的欲求以外，其他的欲求都與認可和愛息息相關。

這也難怪哲學家黑格爾會說，人生就是一場追求認可的鬥爭。希望得到認可是最基本的欲求，但善良的人們會把這種欲求看得格外重要。人們會執著於自己的不足，對此糾纏不放。這就好比口渴時會想喝水一樣，我們的認可欲求也是如此。因此我們應該人性化的、自然而然的接受認可欲求。肚子餓得要死，但卻一直對自己說：「我不餓，這不可能」、「剛才不是吃過了，怎麼可能會餓？」難道這樣做，肚子就會不餓了嗎？就像肚子餓不是什麼錯，更無需感到內疚一樣，認可和愛也是如此。希望得到很多的認可和愛，這都沒有關係，**但必須先來認清原本的自己，然後找回因為過度追求認可而一直隱藏在人群中的自己，讓自己回歸原位。**

本書逐一列舉活在他人視線中的例子，並通過這些例子分析出原因。如果能正確了解當下發生的現象和原因，便會對發生改變起到很大的幫助。但即使知道了真相，也不會自動發生改變，因此必須不畏艱難和恐懼的付出實踐。為此，本書為大家分享日常生活中可以付出實踐的具體方法。

本書講述了我自己的故事，以及接受心理諮商和參與心理療癒活動的人們的故事。我很坦白地寫出自己的故事，以至於自己都覺得很不好意思。為了保護諮商者，也為了幫助讀者理解內容，我略微改編了一下其他人的故事，並且人物都使用了匿名。我遇到的這些人都是英雄，他們在追求他人認可的人生中，為了拯救自己，不惜披荊斬棘與龍鬥爭。再勇猛的戰士也會心存恐懼，正因為恐懼一直都在，所以才需要真正的勇氣。每當看到那些浴血奮戰的英雄分享自己的痛苦與悲歡時，我都會心生敬意。感謝他們的人生為另一群人點亮了活出「自我」的希望。希望這本書能夠安慰到那些總是善待他人，卻辛苦了自己的人們。為了我們變得更幸福，希望這些為了自己而活的方法能夠幫助到大家。

目錄

第五章　善良的背後——哪怕做一個壞一點的人

第六章　受害意識的框架——給害怕受傷的你

第七章　放下完美主義——無需太努力

第八章　設立警戒線——守護自己的方法

第一章

了解自己的欲求

～為了自己的事，就是為了世界的事～

沒有想做的事嗎？

遠離自己的欲求，最終只會失去自我。

「怎麼可能沒有欲求呢？沒有想吃的東西，也沒有想要的東西，更沒有想做的事，這是為什麼呢？」

我望著發問時省略說稱呼的英美。雖然英美的目光誠懇地凝視著我，但不知道為什麼她的眼中毫無自信。我沒有問她「是誰那樣？」而是反問了一句：「真的沒有任何欲求嗎？」英美避開我的視線，想了想，然後一邊流淚一邊說：「都是爸媽害我這樣，不管我做什麼喜歡的事，他們都說那是白費力氣。」

「不要哭。」

「不要吵。」

「不要碰。」

很多人和英美一樣，從小常常聽到

這些話。不要哭，意味著眼淚代表軟弱，所以你必須堅強地長大。但講話的人的內心很有可能是「如果你哭的話，我會不知所措知。我可不想去做哄人這種教人頭疼的事。」不要吵，是告訴你這種場合不可以喧嘩，或者是警告你不要打擾到別人。這句話隱藏的意思極有可能是「我不喜歡你吵吵鬧鬧的，別人看了多丟臉。」不要碰，雖然被包裝成「碰髒東西不好」，但其實隱含的意思是「如果你弄髒了衣服和身體，我處理起來會很麻煩。」的控制他人的行為，準確地講，是通過控制他人的欲求，進而隱藏自己尋求舒適、不想丟臉和不想做麻煩事的欲求。先不管這些脫口而出的話是否存在意識，**我們有必要進一步了解，這種想要控制他人欲求的行為是多麼暴力，以及當自己的欲求受到壓迫時是如何形成無形的痛苦。**

「不要哭」淚水是感情的精髓。當我們身處難過、委屈、憤怒、恐懼和孤獨的困境時會流下眼淚，但在激動、喜悅和幸福的時刻也會流下眼淚。也就是說，如果在這些情況下教人忍住眼淚，那等於是不允許對方有任何的感受。**這就好比是命令對方停止身體的血液循環、切斷靈魂的髓脈一樣，是一種暴力性的要求。**

「不要吵」吵鬧是展現活力和生機，是表達親密感的一種行為，也是確認彼此親密關係的舉動。這裡說的吵鬧包括了發問、自言自語、唱歌和吶喊等等，這都是「講話」的多種方式，只是帶來的影響不同罷了。最基本的自我表達方式是講話，吵鬧可視為講話的活力版，不過是自我表達的擴展罷了。孩子想把在學校裡發生的事情講給媽媽聽，但媽媽因為忙碌、疲憊，或是擔心妨礙到周圍人而讓孩子閉嘴，這就成了不允許孩子表達的強制行為，會被孩子解讀為不想溝通。**如果是敏感的孩子被要求閉嘴時，孩子便會認為「你不想跟我溝通」，進而因為遭到對方的拒絕而受到傷害。**

「不要碰」觸碰是一種積極探索世界的行為，是愛的決定性指標。孩子通過碰觸柔軟或堅硬的、光滑或粗糙的、濕潤或乾燥的、冰冷或溫暖的東西來滿足自己的好奇心，並以此一步步地體會了解世界的喜悅。說出「不要碰」這句話，就等於對孩子講，你不用知道，老實待著就好。假如孩子不能體驗各種觸感，便會提升自己對於外界的謹慎度（敏感度），以及加大對於陌生環境的恐懼。**這樣的孩子很有可能以安全地保護自己為藉口，只探求最低限度的刺激，只停留在熟悉的環境和人際**

關係裡，最終變成一隻井底之蛙。

對人類而言，他人的存在是絕對的

臨床心理學家亞伯拉罕・馬斯洛（Abraham H. Maslow）在欲求層次理論中，根據重要程度將欲求分成了五個階段。當基本欲求得到滿足時，便會出現下一個階段的欲求，進而形成有層次的體系。第一個階段是與生存相關的生理欲求，包括了衣食住行和性慾；第二個階段是安全的欲求，指從危險中保護自己，渴望安全的環境，以及遠離不安；第三個階段是歸屬於集體，希望與他人建立起連帶關係的社交欲求（愛與歸屬）；第四個階段是得到尊重（自尊）的欲求，實現自我尊重，並希望得到他人的尊重和認可；第五個階段是自我成就（成長）的欲求，在現實中通過發揮潛力取得成果，成為自我滿足的人。馬斯洛在後來還加入了超越自我的欲求，意指能為他人和世界做出貢獻的、超越個人的欲求。

像這樣，欲求成了我們生存的必備要素和形成穩定情緒、認同感和自尊感的中心軸。但問題是，為了滿足這些欲求，我們絕對需要他人的關照，以及社會上的、感情上的援助。靠母乳成長起來的哺乳類動物，相對於其他種類的動物則需要更長的保護時間。其中，人類最少需要五年，一般則需要十年以上的時間。就像身體需要攝取營養一樣，我們的心靈也需要養分，那種養分就是無條件的愛和不會遭受遺棄的安全感和信賴感等等。若想形成穩定的情緒和穩固的自尊感，就必須讓心靈充分地吸收這些養分。正因如此，對人類而言，他人便成了重要和絕對的存在。

但如果沒有可以信賴的人和安全的世界，以及無法正確、自然地表達自己的欲求（需要），那會怎麼樣呢？如果是非常年幼的孩子，那麼生存本身就會受到威脅。這樣的孩子即使身體長大了，但也很難成為一個精神上獨立的大人。很多成年人仍然停留在「巨嬰」的原因就在於此。

必須知道自己真正想要的是什麼

有一種人生，無法因為尚能呼吸而稱之為「活著」。人們常常說的「生不如死」，之所以讓人痛心，正是因為能夠感受到那種未能滿足生的欲求的空虛感。**希望得到認可、得到愛、想要在一起、得到安慰，這些明明都是我們自然的欲求。但**

善良的人們比起自己的欲求，更在乎的是對我「重要的人」的欲求，以及他人的視線和評價，因此才很難了解自己的感情。

如此一來，便會發生將自己的欲求錯誤地強加在別人身上。更糟糕的是，**如果把自己的欲求以譴責的形式強加於人，反而會讓自己變得更加孤立和孤獨。**「為什麼這麼晚才回來？」這句話帶有「早點回來」的要求。然而，這句話的背後卻蘊含著親密感的欲求：「我希望有更多的時間跟你在一起」。但我們為什麼不能表達自己真正的欲求，如實地提出要求，有時反而會無端地指責他人呢？

因為我們覺得對方似乎不理解自己的心。即使自己不講，也希望對方能明白自己。問題正是出在自己的身上。我們究竟真的了解自己的欲求嗎？如果連我都不清楚自己想要什麼，然後只希望對方能夠明白自己的想法，這種心態更像是期望對方施展魔法。

我們不再是小孩了，必須要把握好自己的欲求。即使內心依然像「孤兒」一樣渴望被愛、渴望父母或者取代父母的人能夠主動地滿足自己，但這種饑渴永遠也不可能被填滿。相反的，只會不斷累積孤獨和憤怒。

若想辨別自己的感受，理解自己的欲求，就要經常捫心自問：

「你現在的身心如何？手心在出汗，你是在緊張嗎？你是想好好表現，好好完成這件事吧？」

像這樣，親切、體貼地問候一下自己吧。然後不論內心說了什麼，都不要認為那是錯誤的，而是要尊重且努力地去填補內心的空缺。是誰來這樣做呢？不是別人，正是自己！

英美一邊擦著眼淚，一邊說：

「一次都沒有，我記憶裡一次都沒有做過自己想做的事。說了也沒有用，說了只會挨罵，所以從某一個瞬間開始，我好像就都放棄了。」

從小被強行抑制欲求的人，不是無法表達，而是自行阻斷了欲求。因此沒有滿足欲求經驗的人，或是經驗少的人，都無法形成對他人和世界的信賴。此外，如果把表達欲求視為指責，或是惹人討厭的事，便會選擇不表達作為保護自己的最後手段。

讓抑制欲求變得內在化的英美，誤以為自己根本沒有欲求，但當她哭著說出「都是爸媽害我這樣」的時候，便醒悟了。想做的事，不能做；想說的話，不能說。也就是說，她明白了**遠離自己的欲求，最終只會失去自我**。英美的哭聲是她在尋找自我的旅途中，第一次發出自己的聲音。

這都是為了你好……真的嗎？

※

不要再把為了「我」的事掩飾成為了「你」，
努力關注和實現自己的真正願望吧。

「希望女兒能嫁給一個好男人。」
「希望父母健康，長命百歲。」
「希望愛人能找到更好的工作。」
「希望媽媽擁有自己的人生。」
「希望老公戒菸。」

這都是人們在願望清單裡列出的心願。有的人像事先準備好了一樣，很快寫了出來；有的人則是長嘆一口氣，遲遲沒有動筆。雖然大家寫下心願的過程各不相同，但內容卻存在著共同點。那就是這些心願不是針對自己，而是關於「別人」的，而且都是自己做不到的事情。當然，一定會有人提出反問，孩子和另一半怎麼能算是別人呢？

每個人都會對自己的父母、孩子、

另一半或是交往中的對象抱以「如果他能這樣，就好了」的期待，而且認為自己的期待對他們來說是有必要和有價值的，因此理所當然地把這種期待當成「是為了你好」。因為這不是為了自己，所以覺得是在為了他人而犧牲自己，進而更加理直氣壯地提出要求。但是問題在於，如果對方不去實現這些心願，自己就會很難過。「為了你好」的心願沒有實現，為什麼痛苦的人不是「你」，而是「我」呢？答案很簡單，因為那不是真的為了「你」。

他人絕不可能成為自己

我們無法把對方塑造成自己理想的形象。我們不可能幫女兒找到一個好男人（但也有這樣的父母，這簡直是一件瘋狂的事），更不可能左右父母的健康和壽命。我們連媽媽是否希望擁有自己的人生都不清楚。不管老公吸菸，還是把菸拿來吃掉，那都是他自己的事情。總而言之，這些都是他們自己的事，也是連他們自己都無法掌控的事。可是為什麼我們會對別人的事如此執著和心急呢？因為我們把這些事都當成自己的事了。這裡提到的「你」就是「我」，所以這些心願不是為了

「你」，而是為了「我」。

把對別人的期望放在首位，其實隱藏著自己的欲求和不安。如果女兒嫁不到好男人怎麼辦？這種擔心，很有可能來自於沒有養育好女兒的自責或不安。也就是說，我的欲求是希望女兒嫁給一個有模像樣的男人，好來炫耀一下這件事，又或者是出於希望能指望女兒養老，度過晚年的心態。女兒希望媽媽擁有自己的人生，其實內心期待的是，擺脫媽媽的干涉和控制。如果能意識到這一點，就不要再把為了「你」掛在嘴邊，而是應該坦白地承認這是為了「我」。「希望女兒成為我炫耀的事」、「希望擺脫媽媽的干涉和控制」，這才是自己真正的欲求。像這樣，**停止向他人提出要求，了解自己真正的欲求。其理由是為了審視自己，同時也不壓制他人。**

為了審視自己，並且不壓制他人，必須做到區分自己能做的和不能做的事。孩子不是拿來炫耀的工具，或是為自己養老的人。孩子是藉由母體來到世上的他人。所謂他人，意味著他們不是自己的分身，而是一個獨立的個體。因此，最好徹底放棄把子女當成炫耀工具的想法。如果想要炫耀，那就自己去做值得炫耀的事情，何必為難他人呢？要想擺脫媽媽的干涉和控制，那就需要付出一些努力了。比如，向媽媽提出請求，或者與媽媽保持空間和心理上的距離。但是事情並不會像我們期待的那樣順利，要知道涉及到他人的問題時，都存在著局限性。但只有這樣，才能減輕壓力，讓人生變得輕鬆些。

別人不可能成為自己。當有人問：「我是外人嗎？」我們要回答：「那當然了！」除了自己以外的所有人都是外人，就連父母和孩子也都是「別人」。正因為這樣，才不應該把自己的心傾注在別人的事情上，寄託在別人的人生裡。**讓我們來關注自己，以及自己想要的和能做的事吧。我們能做的，只有關於自己的事情而已。**

如果不是為了不安而活

二十幾歲的上班族恩靜寫下了以下的願望清單：

「希望家人健康。」

「希望與身心健康的人談戀愛。」

「遇到困難時，希望自己能以健康的方式盡快克服困難。」

「做自己喜歡的事，身體健康，過上幸福的生活。」

恩靜的願望都與健康有關。她之所以這麼在乎健康，其實是有原因的。因為弟弟患有嚴重的精神疾病，姊姊也有智力障礙，不久前父親也因為腦梗塞住進了醫院，母親因此變得越來越憂鬱了。

「家裡只有我一個健康的人了，所以我總覺得應該對全家人負責。有時覺得累了，也會想不如為自己而活吧。但每次想到這些，我都會覺得這好比我們家裡起火了，但只有我一個人為了活命逃了出來。每當這時，我就會重新振作起來，告訴自己『我是家裡的消防員』。」

恩靜說出這番話時，顯得非常平靜和堅強，也許她認為自己不應該無精打采、精神不振。

人類有執著於不足的習性。在填滿不足的慾望過程中，必然會伴隨著不安。最初，所謂的不安可以應對未來的危險狀況，為生存提供幫助。但現在我們又不是生活在原始森林裡，沒有必要那麼緊張不安吧？像恩靜這樣的人的動力多半來自於不安，他們所擁有的不安也可以看作是為未來做準備。但是，在她如此懇切的願望中，卻隱藏著必須健康的想法。「只有我健康，不生病，才能照顧家人。只有跟身心健康的人交往，我才不會受傷。」恩靜的這種堅信，其實不過是一把紙盾牌罷了。因為這種理所當然的想法很難受得住挫敗。正因為心裡想著「必須健康」，所以當她稍稍覺得不舒服的時候，便會陷入彷彿快要死掉的不安之中。「執著——理所當然的想法——挫折——再次不安」，這就好比為了不安而活著一樣。

如果仔細觀察我們的願望，便會發現很多願望都是希望別人做出改變，以及執著於自己所沒有的東西。這兩項都是我們無法控制的領域，但我們還是會為此憂心忡忡。

「如果連媽媽也病倒了怎麼辦？」

「老公一直這麼吸菸，萬一罹癌了怎麼辦？」

「男朋友要是一直在這種沒有前途的地方工作怎麼辦？」

事實上，這些擔憂都是我們欲求的影子。不希望媽媽成為自己的負擔；只有老公健康才能維持舒適穩定的生活；希望可以炫耀男朋友的能力和職場。讓我們誠實地面對自己的這些欲求吧。如果把焦點放在自己的欲求和慾望上，便會對寄望於他人而感到抱歉。因為這等於是讓別人來代替自己的人生。**不要再把為了「我」的事**

掩飾成為了「你」，努力關注和實現自己的真正願望吧。正視自己的欲求，才是通往自己人生最正確的指南針。這才是為了自己、為了對方、為了所有人好的事。

挨點罵又能怎樣

如果追隨別人變成了習慣，
就只會越來越害怕表達自己的意見。

「我本來想吃雜菜飯，但同事們都點了炸醬麵，於是我也下意識地點了炸醬麵。我真是夠可憐的。」

三十幾歲的上班族尚動跟大家爆料了自己「好笑」的經歷，朋友們聽後都笑了出來，尚動也跟著大家笑了。大家的笑容裡，隱藏著說出善良人（這樣的人很常見！）過於謹慎小心的快感、「還有人比我更慘」的安心，以及「原來有人跟我一樣」的共鳴。從決定菜單這種小事，到長期積累的委屈和憤怒，善良的人們正處在自我表達的綑綁狀態。

「尚動，你為什麼沒有點雜菜飯呢？」

「我下意識地覺得應該順從大家的意見。」

「大家不讓你點雜餐飯了嗎？」

「沒有，大家只是說出自己想吃的而已。」

「原來是這樣，如此看來應該沒有人限制你的自由。好吧，那我換一個問題。為什麼你沒有表達自己想要的東西呢？」

「如果跟從大家，我就能維持在中間地帶。」

「那維持在中間地帶，有什麼感覺或是感受嗎？」

「會覺得安心，類似安全感吧。」

「那如果脫離了中間地帶，會怎樣呢？」

「會惹人注目。如果那樣的話，就會經常挨罵或是受傷了。」

「那結論就是，你是為了保護自己，不受他人的指責囉？可是，挨點罵又能怎樣呢？」

「嗯？」

不想挨罵，但卻失去了自己的意見

不想挨罵，是一種即使得不到他人的認可或善意，也不願惹人討厭的心理。「別人會怎麼想我呢？」、「如果我堅持自己的意思去做，別人肯定會說我自私的」、「如果只有我一個人說不喜歡的話，說不定會遭到大家的排擠」。這樣的恐懼和不安促使我們要像他人一樣生活，即使在心底覺得自己很寒心。

尚動之所以無法表達自己的欲求，是因為他把與別人意見相反當成了一種脫軌行為，由此害怕隨之而來的指責、排擠、嘲笑或處罰等等的負面結果。尚動與其他人不同，他覺得不引人注目，保持在中間的位置最為安心。像這樣，在參與和同意大多數人的決定時，為了避免來自組織的排擠和處罰，我們都會保護自己。乍看之下，尚動獲得安心似乎是一件受益的事情。但是，與其說他這樣是為了獲得安心，不如說他更加迫切地在迴避挨罵。遺憾的是，尚動的態度在當下抑制住了自己的欲求，然而事後卻覺得自己很沒出息。這相當於是自我破壞的行為。**如果追隨別人變成了習慣，就只會越來越害怕表達自己的意見。因為害怕，所以不敢發聲，嚴重的話還會出現「靈魂的失語症」。**

在這裡我們還要思考一件事，那就是我們應該如何解釋他人的行動。同事們選擇菜單時，各自的選擇碰巧達成了一致，但尚勳卻把這看成是大家默許的協議或是強迫了。尚勳之所以會這樣想，是出於不安的心理，他擔心假如破壞了氣氛，說不定會對自己不利。當然，也許當時存在著大家統一點炸醬麵的氣氛也說不定，所以尚勳不想破壞氣氛的心情也是可以理解的。但是，不安的人比起客觀現實，很多時候更容易根據自己所經歷的主觀現實（自己內心的解釋）來採取行動。

尚勳的主觀現實是，對周圍察言觀色，很難表達出自己的欲求。但客觀現實是，沒有人控制他的選擇。像這樣，不能客觀地分析狀況，只在主觀現實中做判斷，只會製造出各種各樣的約束。這等於是強迫自己進行自我審查。這樣一來，就更難以表達自己了。

既然是這樣，怎麼做才能不消極地看待主觀現實、不歪曲實際情況呢？意識到自己的認知偏誤（cognitive error）有助於正視現實。研究認知療法的亞倫・貝克（Aaron T. Beck）將認知偏誤定義為，消極地接受生活中發生的事情，並且過度的誇大或歪曲理念。認知偏誤中包括黑白思考、過度一般化、擴大意義和縮小意義等等。如果是很容易受到他人影響的善良人，不妨來思考一下以下幾種「隨意推論出的認知偏誤」。

首先是沒有充分的根據，只憑自己的揣測來判斷他人的測心術（mind-reading）偏誤。比如，看到同事在一旁嘀嘀咕咕的樣子，便會覺得「他們肯定是在講我的壞話」。還有像是預言未來的預言者（fortune telling）偏誤。比如，遇事會想「說了也沒用，到頭來只會挨罵，然後遭到拒絕」。最後是沒有現實依據，只憑藉自己的感覺妄下結論的情緒化推理（emotional reasoning）。比如，它會歪曲和誇大現實，「害你這麼內疚，肯定是我做錯了什麼」。這些隨意的推論會讓人產生消極的情緒，進而採取消極的行動。

我是否認同自己的欲求和選擇呢？

有時，適當地順應他人的期待，或是默認他人的要求，可以幫助我們融入集體生活，謀求自我發展。但這並不是為了滿足對方的期待，或是為了迎合集體的氣氛而隱藏自己的欲求。這應該僅限於為自己做出合理性選擇的情況。**在不受他人左右、不被氣氛影響的狀態下，通過協商與對方達成一致意見，就不會自責自己主動**

做出的選擇，也可以避免延伸出受害情緒。比起認同他人，更重要的是認同自己的欲求和選擇。

假設尚勳在當下忠於自己「想吃」的欲求，點了雜菜飯，可是大家卻說：「這家的雜菜飯不好吃，最好吃的是炸醬麵。」又或者是，剛好店裡的食材都用光了，廚房傳來消息說，今天不能做雜餐飯，那情況又會怎樣呢？也許因為同事的勸阻或廚房傳來的消息，尚勳最終也沒能吃上雜菜飯，而是跟大家一樣吃了炸醬麵。但這卻是尚勳主動做出的選擇，因為是在沒有辦法的情況下做出的選擇，所以他不必覺得自己沒有出息，更不會產生受害情節。還有另一種情況是，假如同事抑制住尚勳的欲求說：「你就跟大家一起吃炸醬麵吧。」這時，如果尚勳能裝酷地說：「好啊，這樣就能快點上來了！」像這樣，不得已放棄自己的欲求時，就相當於是做出了第二次選擇。這樣一來，尚勳就不會像現在這樣事隔幾個月後，仍然難以釋懷了。有一點需要了解的是，如果同事要求尚勳跟大家一起吃炸醬麵，那這個責任無疑應該怪罪在同事們不成熟和冒失的態度上。

在現實生活中，我們所擔心的「大事」不會經常發生，因為那些擔憂大部分都是自己想像出來的。萬一擔憂變成了現實怎麼辦？只要以自我為中心做選擇就可以了。讓我們來培養膽量去面對「說不定會發生的」不利情況吧。不管是對是錯，責罵我們的人自然有他自己的權利。想想看，我們不也是這樣嗎？**就算是挨罵或是被人講閒話，天也不會坍塌下來，那些人的惡言惡語根本不會對我們的人生帶來多大的影響。**

二〇〇四年以後，我「戒掉了」參加婚禮這件事。不管是親戚、朋友，還是認識的人或公司的同事，任何人的婚禮我都不再參加了。因為覺得沒有意思。說實話，也沒有祝賀的心情。像我這樣忠於自己的欲求，很有可能會被人說不懂社交，而且邀請我參加婚禮的人也會覺得心裡很不是滋味。但如果自己心甘情願承受這些不利，反倒會增添更多的好處。不但節省了自己的時間和金錢，更重要的是不必強求自己去做勉強的事，因此獲得了自由。這是我的生活規則，但規則中自然也會存在例外。那個例外就是「想去的時候，才會去」，如果婚禮很有創意，或者是我發自真心地想要送上祝福。五年前，我只參加過一次婚禮，當時新郎和新娘靦腆且幸福的表情至今仍歷歷在目。我發自內心地對新娘說：「妳今天真的很漂亮，祝妳幸福。」這樣的時間對我而言很有意義，也覺得很開心，相信對方也會有同樣的感受。如今周圍的人都知道我不會參加婚禮，所以他們只會告訴我結婚的消息，不會再邀請我了。如果不了解這種情況的人給我喜帖，我會說：「謝謝你邀請我，但對不起，我不參加婚禮的。」我沒有解釋理由的義務，也沒有找藉口的必要。我認為應該做眼下自己覺得重要的事，然後對其結果負責就可以了。如果覺得負責一詞聽起來過於沉重，換成承擔也無妨。如果能承擔自己做出的選擇，那麼自尊感也會隨之提升。

當然，規則是會改變的。到那時只要說一句：

「我改變想法了。」

為了自己就等於是為了世界

主動為自己做些什麼，別人就可以不必為我操心，
更不用看我的眼色了。

「女兒，想不想吃炸雞？」

「怎麼？媽媽想吃炸雞嗎？」

「我不是想吃，但如果妳想吃的話就一起吃，不想吃就算了。」

有時，喜歡吃醬料炸雞的媽媽會這麼問我，所以就算我不想吃也會買一份炸雞。因為我知道如果我說：「我沒什麼胃口，您自己吃吧。」那媽媽肯定不會吃的，她總是對獨自享用美食感到內疚。有時，媽媽會很爽快地花一大筆錢買一件不適合自己的衣服，但卻捨不得花錢一個人吃東西。看到她對女兒說對不起的樣子，會覺得她很可愛，但也讓人覺得哭笑不得。媽媽認為艱苦的生活中，餵不飽孩子是一種罪過。可是如今我們已經不用為一

日三餐擔憂了，但她還是對滿足自己的欲求充滿了愧疚。正因為了解媽媽的過去，所以我可以理解她的心情，但還是希望她能好好地對待自己。因為媽媽完全有這樣的資格。

在自己的欲求裡，無所謂對與錯

正秀因為一個很自以為是的朋友而備感壓力，每次見面就只顧誇耀自己的朋友，十分惹人討厭。雖然正秀會在心裡想「喂，就你了不起嗎？我也很棒的。」但表面上他卻總是隨聲附和「當然，當然了。」他覺得這樣的自己更讓人生氣，因為在朋友面前扮演善於傾聽的「好朋友」，可是內心卻覺得朋友「很不像話」。面對這樣的自己，他感到既羞愧又氣憤。

「你為什麼要對自己那麼刻薄呢？」

「嗯？」

「你不是壓抑著『就你了不起？我也很棒的』想法嗎？為什麼會這樣呢？」

「我會覺得，就憑我這種人怎麼能這樣想呢。」
「這就是你對自己刻薄的表現。那你真正的欲求是什麼呢？」
「我想受人矚目，成為主角。」

在自己的欲求裡，無所謂對與錯，也沒有這樣可以，那樣不行的標準。更沒有必要去想「我這樣可以嗎？」、「竟然冒出這種荒謬的想法，我真是瘋了」誰也不能指責我們的欲求，而且這無須談論資格。想要受人矚目又怎樣呢？支持自己的欲求吧。我們喜歡一個人時，會想送對方想要的、喜歡的東西。不僅如此，還會努力避開對方不喜歡的東西。既然我們可以對別人這樣，對待自己又如何呢？很多人會說「愛自己好難」、「怎麼做才是愛自己呢？」答案很簡單，只要像對待別人那樣，善待自己就可以了。了解並傾聽自己喜歡什麼、想要什麼。我們既然能主動地去了解別人想要的，那為什麼要反過來對自己如此刻薄呢？我們都是可以擁有欲求的人啊。

善待自己，不僅是對自己，對周圍人也有幫助。主動為自己做些什麼，別人就可以不必為我操心，更不用看我的眼色了。這樣一來，對方會覺得我很好相處、很親切，也會感謝我。如果媽媽在沒有我的同意或協助下，能夠獨自享用美食，我就不必在不想吃炸雞的時候吃炸雞了。如果媽媽能無所顧忌地、自然地為自己做些什麼，我就不必因為沒有顧及她而感到內疚了。這樣一來，我就不必隱藏內疚之情，或是把能量消耗在做一些補償她的事情上了。節省這些能量，好好用來跟媽媽輕鬆地聊天，愉快地度過每一天。

正秀也是如此。他大可不必為心存想比朋友出色、受人矚目的想法而害羞，更不應該無視自己，認為這是荒謬的想法。如果他能了解自己的欲求，接受並尊重現在的自己，就不會因為自以為是的朋友而產生受害情節了。不僅如此，反而還會對總是誇耀自己的朋友產生單純的好奇心。與此同時，說不定也能理解朋友的內心。如果那種空虛的心態消失了，正秀還會覺得朋友討厭嗎？恐怕不會了。如果正秀停止沒有靈魂地隨聲附和，而是發自內心的沉默以對，說不定那個朋友就會停止自我誇耀。那個朋友之所以會不停地「自吹自擂」，說不定是因為他在無意識中察覺到了對方沒有認真聆聽自己。如果能從正秀身上獲得感同身受的感覺，也許他就不會滔滔不絕地講個不停了。

像這樣，練習理解和尊重自己的欲求，還能連帶培養出揣測他人的欲求的能力。在人際關係裡，最好的禮物是能夠相互建立起真實且親密的關係。當某個人真心傾聽你講話時，你是否感受到了那種心與心相連的感覺呢？那是一種很舒服、很溫暖，甚至感動到流淚的感覺。**接受自己的欲求，理解並疼愛自己，對自己和對他人都是一件有利的事。所以說，為了自己，就等於是為了世界。**

第二章

擺脫認可中毒

～活出自我，無需他人認可～

為什麼我不懂得拒絕

因為希望得到別人的認可，所以勉強自己，
無可奈何地接受他人的請求，這只會讓自己變得卑怯。

下列問題，請以「是」與「否」作答。

	是	否
無法拒絕他人的請求。	○	○
寧可配合別人，才覺得舒心。	○	○
擔心拒絕，會惹對方生氣。	○	○
即使是不想見的人，也無法拒絕見面。	○	○
不希望因為拒絕請求，而讓關係變得尷尬。	○	○
擔心拒絕，會傷害對方。	○	○
即使身體不舒服，快要病倒了，也會接受別人的請求。	○	○
拒絕之後，心生愧疚，所以再次接受別人的請求。	○	○

如果八個問題中有五個以上的回答是肯定，那你很有可能是一個「善良人」。

大家在治癒活動中，以「善良人的特徵」為主題展開討論時，提出了以上八個問題。參與活動的人們都說，自己最大的苦惱是不懂得拒絕他人。「拒絕」彷彿成了人們力求完成的最後一項任務，甚至還有人的心願是，希望自己能斬釘截鐵地拒絕別人。

拒絕，為什麼這麼難呢？因為我們不想破壞與對方的關係，不想傷害對方，不想惹對方生氣……但這是真正的理由嗎？破壞關係是什麼意思？因為我拒絕，對方就會受到傷害，依據是什麼呢？對方因為我拒絕而生氣，這是合乎情理的事嗎？我們必須提出這樣的疑問。只有這樣才能找出自己不懂得拒絕別人的真正理由，才能停止因為勉強自己而感受到的疲憊。我們來看一下，以下三種情況對我們起到的心理作用吧。

裝好人，反倒讓自己受傷

當我們拒絕別人時，如果和對方的關係發生了破裂，這就暗示了彼此很有可能不是水平的關係。拒絕別人時，擔心對方因此而生氣，這種情況通常只會發生在必須承受對方情緒壓力的關係裡。也就是說，主要會發生在父母與子女、上司與下屬、前輩與後輩等的垂直關係裡。拋開年齡、地位和角色，這樣的關係意味著在人與人之間的感情交流中未能共享平等、真實的親密感。如果是共享親密感的關係，便會相信對方能夠理解自己。不想破壞與對方的關係，其實是不想自己心裡不舒服。試問一下，這種想法的背後是否存在著擔憂。假如不答應對方，說不定自己會吃虧。此時，最好心甘情願地承受損失，拒絕他人的請求，再不然坦白承認自己不願吃虧的想法。不要忘記自己只是一個普通人，不要再勉強裝好人了。**承認「為了追求實際利益，而接受別人的請求」這一點，或許心裡會好受些。這有什麼不對嗎？對自己坦承、不卑怯，這才是真正的善良。**

其次是把「自己的恐懼」投射在拒絕他人這件事上，認為對方會因為自己的拒絕而受傷。因為自己害怕遭到拒絕，所以揣測對方假如遭到拒絕會受到傷害。但是，對方很有可能比我們想像中的堅強。事實上，我們周圍有很多堅強的人。我們為了掩飾自己的脆弱，會跟比自己更脆弱的人做比較，以此獲得安慰。總而言之，我們最好捫心自問一下，認為對方是一個容易受傷的人，其背後是否隱藏著自己的擔憂，是否因為害怕拒絕對方，而事後受到對方的排斥或否定。如果回答是肯定的，那就不要再掩飾了。即使拒絕對方也不會發生任何事，因為現實比想像更安全，陷在無謂的空想裡只會讓自己變得更落魄。

因遭到拒絕而生氣的人是不成熟的，而且這種人多少存在著以自我為中心的想法。難道所有人都要接受他的請求嗎？我們不必在意對方表現出來的激烈反應。當然，這麼做並不容易，但如果想擁有自主的生活，就要做出選擇。是要自己的情緒一直受他人的影響呢？還是選擇不再受傷呢？

我們沒有義務承擔對方的情緒

我們常說「因為什麼事」生氣；「只要沒有那個人」就能活過來；「只有辭去工作」情況才會好轉，但這不過是一種錯覺罷了。難道真的有人要我們承受痛苦致死嗎？這種情況太罕見了，這幾乎都是自己編造出來的想法，或是附加的解釋而已。感情並不是來自於外界。假設因為上司無視自己而生氣，但上司是否真的無視了自己呢？除非他承認，否則根本無從得知。但這是不是事實並不重要，上司的某種態度被我「判斷」成了「無視」，它刺激了我的自卑感和羞恥心，進而激怒了我。又例如，當父母無視我的時候，表現出來的態度與上司相似，我就會受到更強烈的刺激。很明確也很簡單的是，這種情緒來自於自己。如果換位思考，對方因為遭到我的拒絕而生氣，那是因為他的某種弱點受到了刺激，而這不是我能控制的。**我們無法對他人的情緒負責（同樣的，對方也不會為我們的情緒負責。）這時，只要在心裡想「哎，真可憐，但我幫不上你的忙。」然後把這件事放在一邊就可以了。**

當對方的言語中帶有善意時，我們便特別難以拒絕。比如，我很敬畏的公司前輩看到我心事重重，走過來關心我。前輩遞上咖啡後，一直講個不停。但我約了別人見面，而且已經過了該出發的時間。我無法打斷前輩講話，只能沒有靈魂地點頭附和。因為約會時間遲到，我感到坐立不安，也對喋喋不休的前輩感到很不耐煩。

像這樣，對方的行為出於善意時，會讓人更加難以拒絕。因為不想自己成為無視別人善意的壞人。這時最好的方式是，在話題進入長篇大論以前，儘快向對方表達感謝，然後就此道別：「非常感謝前輩的關心，雖然很想多聽一些對我有幫助的話，但我今天有事。如果下次有機會的話，再請您多多指教了。」萬一前輩因此討厭我怎麼辦？那沒辦法了，儘快收回你對他的敬畏吧。

我們之所以難以拒絕他人，是因為希望滿足好人和善良人的認可欲求。換句話說，這種認可欲求與缺少自主性有關。缺少自主性的人，不管別人提出什麼要求，或是以怎樣的態度對自己施加壓力，都會做出敏感的反應。這種敏感的反應不僅表現在自我認可上，也同樣表現在自我指責上。嚴重缺少自主性的人，會因為別人苛刻的批評、對自己價值的貶低、對自己不信任的態度，以及毫無反應的態度而受傷。嚴重時，還會做出近似妄想的推測「如果得不到稱讚，就等於是受到了批判」。甚至還會產生不合理的想法「如果讓他失望，我就死定了」。

所謂缺少自主性，主要是指在人際關係中難以獨立的主體。但這個詞除了意味著察言觀色的傾向以外，或許還可以視為一種為了內在的成長與建立健康的人際關係的概念。假如我們能將在意他人的概念積極地拓展，便會朝著理解他人的方向邁進。

因為有別人，自己才會存在。一個人力不從心的事，只要大家齊心協力就會成功。人類是無法獨自生活的。認為請人幫忙是傷自尊或是給別人添麻煩，這才是傲慢的想法。**善良的我們比起接受更習慣於付出**。關係一詞，本身帶有連接和延續的意思。給予與接受才能連接彼此，才能延續到內心深處。不要只連接單向的箭頭，嘗試用雙向的箭頭來連接彼此吧。

會拜託的人也會拒絕

若想成為自己人生的主人，那就不能把拒絕看成選擇，而是應該視為必須條件。在訓練自己拒絕他人的過程中，不妨試試相反的方法，反過來「拜託別人」。試著每天向某人提出請求、拜託或建議吧。「晚上你能幫我洗碗嗎？」、「我要出門，你可以照顧一下小孩嗎？」、「今天家裡有重要的活動，所以我得早點回去，這件事就拜託你了。」拜託本來就應該在拒絕之前，要想拒絕自己不喜歡做的事，就要先能夠拜託別人。

讓我們來做一個坦率地自問自答吧。「我肯開口拜託別人嗎？」如果不能，那理由是什麼？是不是認為這樣做會讓對方覺得自己很煩，或者很無能呢？相反的，如果回答「是」，那請接著回答下一個問題吧。「拜託別人的時候，心情如何？」雖然開口拜託了對方，但會覺得很傷自尊心，又或者是擔心會遭到對方的拒絕？我們只能通過這樣的自問自答來確認自己的想法。

如果能承認自己的恐懼和侷限，並且能向他人提出請求和幫助，拒絕別人的事情就不會像現在這麼困難了。因為不是所有人都會接受我的請求，所以我也肯定會遭遇別人的拒絕。像這樣，被人拒絕幾次後，就不會把這件事看得那麼嚴重了。不要誇大解釋拒絕這件事，遭到拒絕不等於否定自己。相反的，我拒絕某人的情感訴求，也不等於拋棄了那個人，因此沒有必要對此感到內疚。**因為希望得到別人的認可，所以勉強自己，無可奈何地接受他人的請求，這只會讓自己變得卑怯。我拒絕別人的方法之一是「當壞人」。我偶爾會高傲地說：「那我就當壞**

人好了。」這不是為了贏得他人的賞識，而是為了自己和堂堂正正地過自己的生活。

擺脫所謂面子的催眠

「有話就要講」、「權宜之計就是坦率地表達自己」，
讓我們牢記這兩句咒語吧。

秀美上班時扭傷了腰，疼痛的症狀十分嚴重，連動一下都很困難。但扭傷腰是小事，更教人頭痛的是明天要去參加婚禮。秀美擔心的是，如果自己不去參加婚禮，母親一定會斥責自己。因為行動不便，秀美給母親打了電話，但她沒有提扭傷腰的事，而是說：「我身體不舒服，可能明天不能去參加婚禮了。」果不其然，母親勃然大怒地說：「妳是家裡的長女，妳不來，別人會怎麼看我們家啊。不管怎樣，明天都要過來。」秀美下意識地回了一句：「知道了。」因為沒有合適的衣服，秀敏跟朋友借了一套衣服。但母親看到忍痛參加婚禮的她，卻說：「妳怎麼穿這麼丟人的衣服來參加婚禮啊？別人看了

會說什麼？」當天，秀美因為穿著寒酸，又遭到了母親的當面斥責。

參加婚禮的途中，秀美感到腰痛難忍，但她卻無法表露出來。弟妹們發現她走路的姿勢很不尋常，於是上前詢問，秀美這才說出了扭傷腰的事。但她卻再三叮囑弟妹們不要告訴母親。周圍的人都看出了秀美行動不便，但唯獨母親沒有發現，還不停地指責她的穿著。幾天後，秀美又接到了母親的電話。正在接受治療的秀美告訴母親，自己扭傷了腰，現在行動不便。但母親聽後，卻說：「妳都多大了，怎麼還那麼不小心呢？」

五十幾歲的秀美是四女一男中的長女。做生意的她曾是兄弟姊妹中最富裕的，但隨著公司轉讓給別人，生活也變得越來越困難了。秀美覺得「人生好像被連根拔起」了一樣。她最近身體不舒服，情緒也越發憂鬱，事事都覺得很麻煩。她不想跟人說話，也不想出門。弟妹們出於對她代替父母照顧一家人的感激和歉意，都想在經濟上幫助她，但她卻拒絕了弟妹們的好意。「我是大姊，怎麼能拿弟妹們的錢。我絕不能那麼做。與其拿他們的錢，還不如死掉算了。」

結果，秀美也跟母親一樣為了面子和自尊心，拒絕了弟妹們肯伸出援手的好意。現在秀美還是很怕快要八十歲的老母親，她竭盡所能做討母親歡心的事，努力迎合母親的心情。所有的努力都是為了給母親挽回面子，同時小心謹慎地不丟母親的臉。秀美之所以覺得心裡難受，原因正是來自於母親長期以來的壓迫、指責和否定。活到現在，從未表達過不滿的她會有多煩悶呢？秀美的母親總是拿她跟別人比較，然後覺得女兒丟人。她的這種態度傷害了秀美的自尊心。**一個人如果自尊感低、心靈脆弱，便無法意識到自己也是有資格被愛的，因此無法單純地接受他人的善意。這樣一來，就只會讓自己越來越孤獨。**

我們能夠坦然面對面子的問題嗎？

對於善良的人而言，有兩種情況會遇到面子的問題。一種是，因某人的面子問題而受傷。另一種是，因自己愛面子而無法自由地表達感情和行動，導致建立起不健康的關係。像秀美這樣，因為家人愛面子而傷害了自己，但她又因自己愛面子，不肯接受他人的幫助。很多時候，這兩種情況會首尾相連在一起。

那我們自己呢？自己能夠坦然面對面子的問題嗎？

認為自己是怎樣的一個人，與受到別人怎樣的待遇有很大的關係。因此在生活中，我們很難不顧忌別人的視線與評價。受到稱讚自然是好事，但如果被誤解或是批評，自然也會很傷心。**但如果認可欲求和他人志向性過於嚴重，導致過度重視評價和面子，人際關係很有可能會出現問題。不但會讓自己感到疲憊不堪，還會在無形中操控周圍的人，進而影響到別人的人生。**

面子與認可欲求有著密切的關聯。「面對他人時，一臉坦蕩。」僅從字面含義便可推斷出面子與認可欲求有關。但有趣的是，面子的含義包含了內外兩層含義。面對他人是「外」，坦蕩的表情則是指「內」。對待外在的「他人」時，內心要「坦蕩」，但這本身是一件很難且矛盾的事。因為基準在外，所以內心的坦蕩和自我滿足感會因對方而異。以外界的基準來建立內在的心安，自然會產生衝突和抵抗。

相反的，如果坦蕩來自於自己內心樹立的標準，便不會受到他人的動搖或改變了。這種自信來自於內在的力量，而這種力量是對於自己本身和價值的信任。即，可以視為自尊感。自尊感強的人，不會受控於面子。認可欲求、面子和自尊感三者之間相互影響。自尊感強的人，不會為了滿足認可欲求而做急於求成的事，更不會做顧及面子的事。

為了提升自尊感，必須擺脫所謂面子的催眠。首先要做的是，丟掉愛比較的習慣，不管是關於自己的，還是關於家人的。比較的對象大多是權利、地位、知識和物質等條件。但問題是，至少應該在相似的項目之間進行比較。換句話說，如果讓人生價值和目標，成長背景和心理背景都不同的人進行權利、地位、知識和物質等的比較，這本身就是不合理的。因為從比較中獲得的優越感、自卑感就像是沒有任何效力的證明書一樣毫無價值和意義。

大多數人比起「賺自己生活所需的錢」，更在乎「與別人相比時，自己多賺了多少錢」或是「自己保有多少財產」，由此決定人生的滿足度和安全感。某人年薪多少，某人住在哪一區、哪棟公寓、住在多少坪的房子，某人穿什麼品牌的衣服，某人在哪家公司上班等等，如果生活中一直這樣比較下去，只會成為施加在自己身上的刑罰。**比較是痛苦的開始、是不幸的種子，比較還會帶來悲劇。**

我的人生，為什麼要在意別人的視線呢？

我們為什麼要用別人的標準來衡量自己的人生呢？因為希望獲得安心。「我比他好」、「我也是一個不錯的人」、「這種程度，應該不會落在人後」、「這樣一來，那些侮辱過我的人就無話可說了」。這樣的想法會讓我們感到安心。我們希望自己比別人優越，至少應該和別人一樣。如果別人再次超越自己時，就要重新樹立新的標準了。這就好比跟不存在的人玩捉迷藏，根本沒有要找的人，自己卻在那裡一直徘徊尋找著。

比較的習慣是怎樣形成的呢？我們拿自己跟他人做比較，是因為需要像鏡子一樣能影射出自己的對象。即，尋找能解釋自己是誰的人。這種心理的起源可以在客體關係理論（Object Relations Theory）中看到。該理論認為，對人類而言，最重要的是與自己建立起關係的對象。根據與這些對象的關係形成心理結構。孩子希望看到母親為自己開心、驕傲時「眼中綻放的光芒」。因此，如果最初養育孩子的人能夠扮演一面好鏡子，那麼孩子就會形成積極的自我形象。即，不會受到父母權利的威脅，欣然地感受安全，進而形成健康的自我意識（Sense of Self）。

自我意識是指在整個人生裡所體驗的、自己專屬的感覺、感受、想法、意識、理解和判斷等等的總稱。看、聽、聞，所有的感官活動，呼吸和移動等的所有身體活動，自己的選擇、講述關於自己的事、象徵性的或隱喻性的表達自己等的知性活動也包含其中。人類擁有「表達的本能」。如果壓抑這種本能，過於在意別人的視線，無法坦率地表達自己，便會延伸出孤獨、憂鬱和憤怒等的負面情緒。想要表達自己，就要有可以表達的東西，像是自己的感覺、感受、想法和信念等等。此外，如果想表達這些，就要清楚地知道自己現在是什麼感覺，產生怎樣的感受，了解自己喜歡和討厭什麼。這些既是對自己的了解，同時也是自我意識。**有了健康的自我意識，自然會產生主導自己人生的信心和力量。牢固的自我意識還會連接自尊感。**

相反的，如果自我意識不足，就會經常懷疑自己。因為感到不安，所以總以他人作為比較對象來判斷自己。在確認自己與別人沒有太大差距後，方可獲得安全感。但是這種通過與他人做比較獲得的安全感，很容易在其他外部的刺激下產生裂痕。因此為了消除不安，需要不斷地尋找比較對象。我們需要思考的是，在尚未確立生活信念的情況下，只顧著觀察別人如何看待自己、別人如何生活、別人的人生方向，這些究竟對自己有何幫助呢？我不禁想起了某位諮詢者說過：「現在看來，我就像一艘漂流在看不到燈塔的海上的船。」自我意識等於是人生這片汪洋大海上的燈塔。

暴露自己也沒有關係

讓我們努力培養自己的自我意識吧。首先，希望大家細細品味一下前面所提到的自我意識的定義。因為這不是經常使用的用語，所以多少會讓人覺得陌生。嘗試理解某種概念時，最好先從掌握它的定義開始。接下來，如果想將這種概念轉變成自己的，那最好再下一個專屬於自己的定義。這樣一來，它就會從信息變成知識，從知識變成人生了。如果想擁有堅定的自我意識，進行以下的練習會起到幫助。

首先，表達自己的感受和想法（自我陳述），建議說出或寫出自己是一個怎樣的人。比如，從簡單的開始，製作一個表格列出「我喜歡的」、「我討厭的」、「我想做的」、「我不想做的」等等條目。不限制數量，想到什麼的時候更新即可。接下來，再找出「我擅長的一百件事」。或許會有人大吃一驚，覺得這太多了。沒關係，你完全可以做得到。只要找出生活瑣事，像是「我吃相很有福氣」、「我擅長整理整頓」等等，這些都可以。如果有可以添加的內容，也可以持續添加。除此以外，還可以找出關於自己的故事，以及可以定義自己的創意性主題。

我們之所以要努力培養自我意識，只是為了活出自己的人生。有人把人生比喻成一部電影，自己就是限定上映時間的主角。電影的標題是《我的人生》，主角就是自己，因此為了更好的詮釋「自己」，就要與角色融為一體。演員在定角以後，最先做的事情就是掌握和理解人物的性格。**要想擁有自己的人生，而不是向他人展示的人生，就要理解並懂得表達自己的感受、欲求、想法、信念、態度和行動。還要相信自己擁有的這些東西，並有意識地付出努力。「有話就要講」、「權宜之計就是坦率地表達自己」，讓我們牢記這兩句咒語吧。同時，我們還要下定決心，不與他人做比較，並付出實際行動。**如果不這樣做，就會成為羨慕、嫉妒主角的臨時演員，又或者莫名其妙地充當起了「別人電影」裡的主角。

渴望得到自己的認可

最重要的是，在自己的選擇和行動中要把自己放在首位，
並且清楚地知道自己想要什麼。

二十幾歲的貞秀非常渴望得到父母的稱讚和認可，她覺得這可能是因為國中和高中跟奶奶生活在一起的關係。雖然她二十歲時，搬回父母身邊生活，但至今仍覺得無法適應。貞秀覺得沒有話題跟父母聊，但當父母稱讚自己的時候，才覺得像是在與他們對話。貞秀錯把稱讚當成了溝通，所以為了溝通，為了得到父母的認可，直到現在還在竭盡全力地做著討母親歡心和能令他們驕傲的事。在這樣的努力下，貞秀頻繁地得到父母的稱讚，但她反而感到越來越不安，於是進行了心理諮商，服用精神安定劑。之所以會這樣，都是因為貞秀覺得，如果得不到父母的認可，便會像童年一樣遭到「拋棄」。

難道我也是認可中毒嗎？

什麼樣的人是好人呢？我們不會把那些總是麻煩別人、沒完沒了誇耀自己、事事提出反對意見的人稱之為好人。相反的，對於那些寧可自己吃虧也要體諒他人、不誇耀吹噓自己，凡事能迎合別人的人、比起發表個人意見，更願意順從集體意見的人，我們會稱讚這樣的人「好相處」、「為人謙虛」、「奉公守法」。但這些稱讚會變成毒藥，促使被稱讚的人繼續做「善事」。「做善事——名為稱讚的獎勵——滿足認可欲求——繼續做善事」，我們就這樣上了認可中毒的癮。

所謂的獎勵是指「對做出特定行為的人，給予肯定的補償」。光看字面上的定義就覺得很誘人了。對於有魅力的獎勵，每個人的感受各不相同，但所有人都願意接受像是稱讚、認可和感謝等等的社會性獎勵。有時，這種社會性的獎勵要比金錢等物質性的獎勵更能成為推動我們思考和行動的催化劑。

沒有獎勵的事便無法引起我們的興趣，即使做了也難以持久下去。但世上沒有能換來獎勵的事嗎？看似沒有補償的義工，也能讓人從中獲得像是意義或滿足的積極感受。稱讚和認可也是如此。希望付出就會有回報，也是人之常情。但不管任何事，如果過了頭，終究會成為問題。特別是執著於認可的獎勵，這樣一來就只會在表面尋找自己的價值，甚至還會因此失去內心真實的感情和欲求，帶來致命性的副作用。我們的價值不能僅通過他人的認可來衡量。

善良的人生於認可，死於認可

近來，中毒一詞十分常見。過去人們常說酒精中毒、毒品中毒、藥物中毒。但近來出現了網路中毒、購物中毒、碳水化合物中毒、手機中毒，甚至把喜歡某位特定的明星也視為中毒。我們有必要深入思考一下中毒一詞。飲酒的人不一定都是酒精中毒者，使用手機也不能看做是手機中毒。所以說，喜歡得到他人的認可也並不代表是中毒的意思。

中毒是一種「無法控制的狀態」，因此是否能調節對事物的欲求便成了評估中毒與否的標準。這也被稱之為自我控制力。最初接觸所追求的事物時，如果覺得開心又有滿足感，便會重複該行為。如果漸漸對該狀態感到不滿足或不安，所處的狀態便不再是喜歡的狀態，而是變成了「所需」的狀態。換句話說，因為滿足於「得到他人喜愛和稱讚的自己」，所以會重複之前的行為。相反的，如果得不到稱讚和認可，便會覺得自己沒有用處和價值。假若由於擔心得不到認可，而感到焦慮不安，甚至徹夜難眠，那很不幸的是，這表示你已經走上了認可中毒之路。

善良的人大多生於認可，死於認可。我也會因為母親的稱讚而幸福、冷漠而受傷。如果母親對我做出的成就表現出不屑一顧的反應，我也會感到不安和難過。然後更進一步地鞭策自己：「下次一定要做得更好」。不安是促使行為的中毒。在諮商者或學生中，很多人為了得到諮商師或老師的認可會故意做出對方想要的反應。他們不去表達自己內心的想法，而是給出對方想要的標準答案，或是講一些對方聽後會開心的話。當然，我也這樣做過。我會向諮商師表示感謝地說：「按照您教的方法，我發生了很大的改變。」這就是我在潛意識下提出的要求「所以，請稱讚我吧。」

需要的東西已經在自己的內心深處

有什麼方法可以擺脫稱讚和認可的誘惑嗎？我建議大家發揮一下自我控制力。戈特弗雷森（Gottfredson）和赫胥（Travis Hirschi）在自我控制理論（Self-Control Theory）中提出了這樣的定義：自我控制能力是指，為了長期的利益，克制當下的欲求或不必要的慾望，維持現在的滿足感，朝著正確的方向調節感情和行動的能力。所謂長期的利益，不是「我為了誰而活」而是「要過好我的人生」。正確的方向則是指，動機和結果不應鎖定在「為了別人」，而是轉向「為了自己」。比如，雖然眼下難以拒絕，但拒絕自己無能為力的，或是不想做的事，對自己而言就是長期正確的事。

也可以這樣想，迄今為止，我們或許把自我控制能力都用在了別人身上。比如說，即使是自己無法勝任的事，但因為難以拒絕別人的請求而勉強接受，進而控制自己的感情和欲求。現在我們必須堅定決心，把這種自我控制能力用在自己的身上，把自己放在選擇和行動的中心，觀察自己真正的欲求。

接受別人的請求或幫助他人，不辜負他人的期待，努力去做令對方滿意和開心的事，這本身並沒有錯，也不是沒有意義的。從長遠來看，如果這樣做是為了自己，便對大家都有好處。但如果這只是為了滿足於當下的評價、認可和被愛的感覺，就有必要重新思考一下了。**最重要的是，在自己的選擇和行動中要把自己放在首位，並且清楚地知道自己想要什麼。**

渴望得到認可是一種「存在欲求」。想要得到關心和照顧是一種很自然的欲求，因此沒有必要感到羞愧。我們不應該放棄這些欲求，而是更加溫暖地擁抱住它們。我們之所以執著於他人的認可，是因為得不到自己的認可。我所取得的、已有成果的、仍在繼續堅持的、正在朝對的方向發展的、雖然很難，但一路堅持下來，我們是不是沒有注意到日常生活中的這一切呢？自己是不是無視了自己呢？是不是貶低了自我價值呢？是不是只在外部尋找自己存在的理由呢？如果是這樣，那只會不斷地重複失望和空虛，消耗自己的能量，讓自己的自尊感跌入谷底。**我們所需要的愛、認可、幸福和自由，其實已經在自己的內心深處了，就讓自己來稱讚和認可自己吧。**他人的稱讚和認可是有限的，但自己卻可以給予自己無限的稱讚和認可。

就算覺得肉麻、尷尬也沒關係，大聲地稱讚自己吧。

「你真了不起！」、「你是最棒的」、「就知道你可以做得到！」、「到現在為止，你做得非常好！」

這些不正是我們想聽到的話嗎？

第三章

憤怒與罪惡感

～不用覺得抱歉到想死～

我們的憤怒大多是正當的

憤怒成了我們保護自己所需的能量。

「媽媽以為自己很漂亮嗎？不要自作多情了，妳長得很醜啊。」

承熙給了母親最後一擊。重現當時的情形時，她顯得不激動也不暴躁，聲音平淡，但目光卻很兇狠。

承熙的母親格外自戀，她把獨生女兒視為自己的專屬娃娃來對待。承熙從小沒做過任何自己喜歡的事，上了大學以後，她第一次買來自己想穿的衣服時，母親以不適合她為由，擅自把新衣服全部扔掉了。自從那次以後，承熙再也沒穿過自己喜歡的衣服，只能穿母親從百貨公司買來的「高尚的衣服」。雖然承熙內心很氣憤，但她還是忍了下來。每當這時，她就會在心裡默念咒語：

「用家裡錢的這段時間，全當穿制服好了。」

雖然承熙沒有反抗母親，但她也採取了自己的對策。她把被剝奪了自發性的憤怒轉換成了動力，畢業後找到工作，她開始咬緊牙關存錢。等到終於能用存下的錢買房子時，承熙做好了反擊母親的準備。她希望喚醒自以為是、覺得自己最美的母親，告訴她現實並非自己想像的那樣。

承熙的這一擊可以說是反轉嗎？守護自己底線的最佳方法又是什麼呢？根據自己的情況，承熙發揮了保護自己的能力和勇氣嗎？如果她平時能稍微拿出些勇氣反抗母親的壓迫，情況又會怎樣呢？說不定過度自戀的母親會暈倒（這種母親暈倒也是在做戲罷了），或者母女關係會出現裂痕，但如果是這樣，承熙是不是可以更早的找回自己人生的自主權，進而擊退入侵者呢？當然，這件事上沒有標準答案。承熙肯定也是根據當時的情況盡了最大的努力。

真正的成見是「必須善良」

善良的人不太會發脾氣。意思是說，善良的人很會忍耐，但這樣的人很容易憋出心病。在應該生氣的自然狀況下，根本感受不到憤怒的情緒，或是無視自己的感受，這都屬於壓抑憤怒的行為。我們從小學習不能被感情左右，特別是把動怒看成沒有教養，有時也會覺得生氣很幼稚。再加上我們會先入為主的認為，容易動怒的人為人處事的能力低下，人格尚不成熟。但事實上，我們應該面對的兩種成見則是「憤怒是不對的」和「必須善良」。

善良的人最先要面對的、最需要解決的，也是最難以表達的感情就是憤怒。我們需要觀察自己的憤怒從何而來，以及壓抑憤怒會導致怎樣的結果。理解這樣的過程才會有助於我們不排斥負面的情緒，進而更加靈活和寬容地對待自己和他人。

當個人領域遭到侵犯時，我們會因感受到無理而憤怒。正因為這樣，憤怒成了我們保護自己所需的能量。既是心理治療師，也是撰寫《治癒憤怒》（The Anger Workbook）的作者萊斯・卡特（Les Carter）把憤怒定義為保護個人價值、基本需求和信念的意志。此外，他還強調了「界線」在人際關係中的重要性。建立界線包括「從表達簡單的欲求，到以開放的姿態接受有深度的信念」。這也就是說，不管是他人小到微不足道的欲求，還是大到人生的信念，我們都不能強迫和侵犯。同樣的，對於自己的欲求和信念，別人也不可以隨便跨越那條界線。

思想家瑪莎・納思邦（Martha C. Nussbaum）在《逃避人性：噁心、羞恥與法律》（Hiding from Humanity）一書中，將憤怒定義為「對身體和心理的危害或損傷的反應」，她還補充道：「憤怒存在著糾正不妥行為的目的。」

當我們覺得不被尊重、遭到拒絕、或是發現自己毫無價值時，自然而然地會萌生憤怒之情。因為如果自己的欲求遭到無禮對待，或是持續受挫，那麼渴望得到認可和愛的最基本欲求，便無法得到滿足。此外，當自己重視的信念遭到他人的質疑和打壓時，為了糾正對方不妥的行為也會使用憤怒的能量，就像承熙殺氣騰騰地發表獨立宣言一樣。另一種情況是，當自己的信念過於堅定，或是自己過度執著於信念時，也很容易產生憤怒。說不定那位把自己和女兒視為一體的母親，在得知女兒獨立時會產生這種感情。

不論是善良的人，還是不善良的人，每個人都會經歷憤怒這一最原始、最自然的感情。**儘管憤怒是如此人性化的感情，但善良的人卻無法感受，或不懂得表達**

它。如果憤怒到了極限，便會產生挫敗感，或是爆發出扭曲的攻擊性。

拒絕的創傷激起憤怒

憤怒是當自己的價值、欲求和信念遭到侵犯時，為保護自己免受侵犯和損失、糾正不妥行為，從意志中激發出的感情。除此以外，孤獨、自卑和羞恥也會激起更大的憤怒。

首先，了解一下來自孤獨的憤怒吧。為了迎合別人的心情，或是為了不討人厭而勉強自己，就只會把自己的欲求拋在腦後，甚至乾脆不會去思考這件事。如果這種狀態持久下去，只會激發內心發出慘淡的吶喊。

「為什麼誰都不來關心我呢？」

「竟然沒有一個人理解我！」

「我也想得到真正的關心！」

我們不論和誰在一起都會感到孤獨。如果長期不能與他人進行有意義的交流，就會在不知不覺間積累憤怒。這是因為沒有切身感受到親密感和連接感。

自卑感嚴重，也會引發憤怒。因自己的不足而感到沮喪時，也會心生憤怒。憤怒的對象可以是沒出息的自己，也可以是激發嫉妒心或猜忌心的某個人，還可以是不理解自己的世界。

「大家都無視我怎麼辦？」

「如果連這麼簡單的事都做不好，那我就太糟糕了。」

這種想法只會讓自己覺得「我怎麼這麼差勁」，然後只顧追趕成果。相反的，也會讓自己產生「既然做不好，那不如放棄」的念頭，進而把自己逼入自我貶低的絕路。像這樣反覆地逼迫自己或是墜入自責的深淵，都只會激起憤怒。更嚴重時，為了不暴露自己的不足，會更徹底地隱藏起自己的自卑和憤怒，陷入壓抑的惡性循環。如果是在父母過度期待下長大的人，或是經常被拿來與他人進行比較的人，不僅容易受到自卑和挫折的傷害，也會加深自己的憤怒。

憤怒與被拒絕的經驗有關。「誰都不肯接受我」的想法會促使自己萌生「我有權利生氣」的錯覺。與此同時，將自己的不滿情緒正當化。特別是那些因拒絕和拋棄而受到嚴重傷害的人，大部分人都會覺得因為自己受到了傷害，所以「有權利提出要求」、「有資格這樣做」、「從今以後可以隨心所欲」。傷口越深的人，要求也會越多。他們會對身邊的人嘮叨、訴苦和抱怨，並且不斷提出自己的要求。如果對方不能滿足要求（對方不聽自己的話，或是不理解自己），便會發脾氣、表現得焦慮、反應過激或是嘆息，最終導致情緒失控。這樣的人會以各種形式加重自我憐憫。

這種因遭到拒絕而不斷壓抑憤怒的人，要特別注意自己所依賴的人。不要指望對方什麼都了解，也不要一直吐苦水為難對方。如果刺激對方的罪惡感，非要按照自己的意願行事，最終只會讓對方討厭自己。這樣一來，對方只會更疏遠自己，到頭來吃虧的人也只有自己。所以我們必須學會具體地表達自己的欲求，並且練習向對方請求幫助的方式。當然，如果因遭到拒絕而受過傷，會很難一本正經的提出請求。不過如果因為害怕遭受拒絕而不尋求幫助，就只會讓自己變得越來越孤立，內心的憤怒也會因此越來越強烈。

根本不可能從感情中獲得自由

怎麼樣，在了解到憤怒是如何產生以後，是不是覺得大部分的憤怒很合乎情理呢？但不要誤會的是，雖然產生憤怒是很自然、很合理的事情，但這並不代表發洩憤怒是正當的行為。既然如此，那我們可以正確地表達憤怒嗎？是的，當然可以。

我們通常認為不成熟才會被感情左右。但這也存在著誤會，因為產生某種感情時，自然且恰當的表達並不代表被感情左右。相反的，迴避、壓抑感情，最終以爆發的形式發洩感情，給自己和他人造成傷害的行為才是被感情左右。

我們常說希望從感情中獲得自由，但遺憾的是，這根本不可能。產生某種感情，隨後消失，這都是我們能力以外的事。無論是什麼，只要它存在，總有一天便會自然消失，感情也是如此。一切只能順其自然，但我們可以選擇以怎樣的態度來面對這個過程。是一定要隱藏遲早會消失的感情，還是暫時靜觀其變呢？

忍氣吞聲就能成為好人嗎？

否定自己的憤怒和壓抑憤怒，
還會出現利用卑鄙的手段攻擊對方的情況。

如果經常壓抑憤怒，也就是說在生氣時，習慣性的迴避憤怒的感情，或者假裝不生氣，便會養成一種自己特定的行動方式。壓抑憤怒的方法有很多種，來看看下列選項中是否有屬於你的方法。

	是	否
幾天都不跟自己討厭的人講話，一直氣呼呼的。	○	○
在乎別人眼中的自己，但不會表露自己的問題或負面情緒。	○	○
不會講令對方討厭或是聽了不舒服的話。	○	○
對關係不好的人或不喜歡的人反倒更親切，總是強顏歡笑。	○	○
聊天時，只會努力尋找不必表露感情的話題。	○	○

這些習慣是一種無視自己最基本欲求的態度，最終會傷害自己的身心健康。

忍耐也會成為習慣

「國小畢業典禮上，我代表畢業生致詞。上臺後我有點緊張，所以開口講話的聲音很小。但不管怎樣，我還是順利完成了任務。可是媽媽一看到我，就斥責我為什麼那麼害羞。其實在聽到她斥責我以前，我很期待她能稱讚我。」

東賢的父母對兒子寄予厚望，他們不允許兒子犯錯。三十多歲的東賢存在著很強的完美主義傾向，但他常常感到胸口發悶，而且總是會因很小的事情動怒。當然，每次他都會壓抑住內心沸騰的火種。東賢覺得這「可能是因為工作不順利，所以感到不安」，於是他更加埋頭苦幹，專注於工作。但我覺得他是因為一直壓抑憤怒，所以導致出現這種症狀。如今東賢也接受了這種說法。

東賢像孩子一樣傷心的向我哭訴，當時很想追問母親到底自己做錯了什麼。自己成為全校的代表，母親非但沒有為自己感到驕傲，反而在同學面前斥責自己，這讓東賢覺得很丟臉。

「童年的東賢」不敢反抗母親，但「成年的東賢」卻對母親覺得自己丟人這件事感到非常氣憤，此時的他才面對了自己長期以來隱藏的感情。東賢感受到的是委屈、憤怒、難過、憎惡和羞恥等多種感情，但現在感受最強烈的卻是憤怒。在應當受到尊重和稱讚的情況下，母親反而踐踏了他的價值，這當然很令人生氣。在講述這件事的過程中，東賢發現了自己長期以來累積的憤怒。凡事觀察別人的臉色，就連該生氣的事情也感受不到憤怒。東賢覺得過去的自己活得太委屈了。此時此刻，身為工作狂的他，比起甩掉工作上的不安，更迫切的是熄滅心中的怒火。

像東賢這樣，從小以取得的成績來評價自身價值，只會更加隱藏起自己的負面情緒。如果壓抑憤怒已經成了習慣，那就有必要思考一下在人際關係中是否存在著不信任。在人際關係中存在不信任，便無法與他人分享親密感，這樣的人會覺得「這些事說出來又有什麼用」、「這種事誰也沒有辦法的」，然後深陷在絕望和無力感中無法自拔。這種態度最終會演變成自我疏離。此外，即使當下自己的情況沒有受到特別的威脅，也沒有遇到攻擊自己的人，但還是會習慣性的嘆息，又或者時常覺得悶悶不樂，那就有必要觀察一下心中是否積攢了怒火。

道德上的優越感陷阱

我們壓抑憤怒的另一個原因，來自於道德上的優越感。所謂道德價值，是確認自己比別人處在更優越的位置。這是一個既單純又美好的標準。所謂「好人」的形象，本身就具有道德性，而且我們還很容易被「人品好」的形象所束縛。正因為這樣，對於該生氣的事情也會「裝好人」似的忍耐下來。這是很詭異的偏見。就連神和聖人也會動怒、大發雷霆，更何況是我們這些凡人了。難道活著不能生氣嗎？我不是教大家隨便亂發脾氣，而是想告訴大家不要再努力裝好人了。一直束縛在好人的形象之下，只會讓自己永遠囚禁在他人的牢獄之中。當渴望得到他人的認可和尊重的欲求特別強烈時，我們越是不能接受和表達自己不完整的一面，反倒會戴上道德君子的假面欺騙他人和自己。請大家捫心自問一下，這樣做，我們真的能成為一個好人嗎？像這樣用道德的優越感來掩飾自己的憤怒，真的對自己有幫助嗎？

否定自己的憤怒和壓抑憤怒，還會出現利用卑鄙的手段攻擊對方的情況。因為不敢當面表達不滿，所以只會在背後說三道四，又或者故意為難對方。明知道這樣會令身邊的人感到為難，但還是堅持到底，故意妨礙大家。事實上，這樣做比正當表達不滿更消耗能量，而且也讓別人更加疲憊。

我的情況也是如此。在某一個瞬間，我恍然大悟「自己到底在做什麼」。當然，現在也會在某一個瞬間發現「原來我又想當好人了」，然後練習收手作罷。我之所以這樣做，是因為想過上簡單的生活。

為什麼生氣是錯誤的呢？發火又算什麼罪過呢？積極的表達憤怒，既是忠於自己欲求，同時也是理解他人內心的行為。請牢記以下幾個方法：

○不要過於強調自己的立場。
○鄭重、果斷地表達自己的想法。
○表達自己的感受，但不可以指責、怪罪對方。
○不可以利用自己的憤怒傷害或是報復對方。

這樣既可以照顧到對方的情緒，也可以忠於自己的欲求。積極和攻擊是不同的。即使坦承且沒有攻擊性的表達自己的意願，但還是無法與對方溝通，又或者被對方反咬一口，那乾脆放棄好了。我也無能為力了。非要去做無能為力的事，也是一種傲慢。

最終會爆發或是崩潰

越是生氣，就越會氣炸、悲痛、憋悶和發洩出來。
忍氣吞聲，只會適得其反。

「氣炸了。」
「悲痛欲絕。」
「憋了一肚子氣。」
「發洩鬱憤。」

這些話都是形容勃然大怒的狀態。越是生氣，就越會氣炸、悲痛、憋悶和發洩出來。忍氣吞聲，只會適得其反。感情是能量，沉積下來的能量會以任何方式得到釋放，這是大自然的法則。另外，感情就像有機體，如果能肯定、理解和任由它發展下去，便會消失。善良人無法生氣的原因如下：

○為了不傷害別人。
○為了管理自己長期以來守護的好

形象。

○不希望讓自己看起來很軟弱。

○不想被別人討厭。

○害怕失去朋友。

○擔心出現矛盾時會傷害彼此的感情。

但是這些看似為了自己和他人的「忍耐行為」，最終只會令自己或他人更加痛苦。因為忍耐的情緒隨時都有可能爆發或崩潰。

二十幾歲的旻秀正在準備就業，他擔心自己好像得了憤怒調節障礙症。從小到大，他從來沒有對別人發過脾氣，充其量只是對和善的母親表達過幾次不滿而已。但不知道為什麼，最近自己總是莫名其妙地發脾氣，對周圍的朋友和父母也很暴躁。旻秀害怕自己會不會就這樣瘋掉了。

旻秀從國中到大學畢業一直都是班長和學生代表，他在同學眼裡是好朋友，在老師眼裡是好學生。為了維持這樣的形象，旻秀總是很在意別人怎麼看自己。長期以來，他努力不辜負別人的期待，通過得到對方的認可來確認自己存在的價值。

與他人建立良好的人際關係，取得優異的成績，獲得周圍人的認可。為了完美地做到這一切，旻秀不得不壓抑自己的基本情緒和欲求。即使是不想做的事也會去做，想偷懶的時候也會督促自己不能這樣，就算是自己無能為力的事也不好意思拒絕別人。從小到大，旻秀之所以堅持了這麼久，是因為他殘酷地拋棄了自己的感情和欲求。正因為這樣，現在感到憤怒也就成了理所當然的事情。

我們的憤怒渴望得到解決

很多時候，當觸發到不安與恐懼時，我們才會發洩憤怒。旻秀遇到就業的難關，能力不足的自我批判和找不到工作的不安情緒日益高漲，這種不安讓長期以來壓抑的憤怒浮出了水面。此外，由於擔心毀掉一直以來維持的理想形象，所以這種恐懼也以憤怒的型態表現了出來。

憤怒會轉變成各種的型態，它特別喜歡搖身一變轉換成恐懼的型態。這是在提醒我們，應該留意觀察內心無意識下發出的特殊信號。精神分析學家卡倫・荷妮（Karen Horney）指出，當流露出無意識的憤怒時，我們會感受到如同面對雷電、幽靈、強盜和蛇等的恐懼。引發恐懼的某種存在，象徵著我們外在存在的破壞性力量，也可以看作是內在憤怒的破壞性力量轉移到了其他的象徵物上。

三十歲出頭時，我做過一個惡夢，夢裡一隻瞪著大眼睛的怪物在窗外監視著我。雖然這個夢只做過一次，但因為內容過於震撼，以至於現在也能畫出怪物的樣子。在夢裡，我把那個怪物當成了母親。怪物的樣子和家裡的氣氛都非常恐怖。這個夢說明了我把對（自認為）母親管教過嚴的憤怒轉換成了恐懼。事實上，如果更深入觀察，夢中的怪物其實是我內心的監視者人格，自我監視的憤怒不過是藉由母親的管教被投射了出來而已。

我對旻秀說，潛伏在水面下的本性終於開始咆哮了，這是一件值得慶祝的事。並且叮囑他，不要給自己貼上什麼所謂憤怒調節障礙症的標籤，更不要覺得自己是一個存在問題的人。這種憤怒只是希望表露出來，並且得到解決。雖然本人會因這種意想不到的情況感到困惑和恐懼，但這並不是一件非比尋常的事，更不是一件可怕的事。因為這是向治癒發射出的信號彈，所以反而是一件令人慶幸和欣慰的事。

首先如實讀懂自己的感情

不把憤怒當成問題，但又想解決它的話，應該怎麼辦呢？答案已經在提出的問題裡了。即，沒有把憤怒當成問題。只要察覺到自己的憤怒，並且不要置之不理，對其有所認知就可以了。很多善良的人對別人的情緒很敏感，卻對自己真實的感受和內心很遲鈍。這時，觀察身體的變化可以起到幫助。例如，「心跳加速」、「臉頰發燙」、「胸口發悶」、「手心冒汗」、「喉嚨變得越來越緊」等等。我們的身體就是心靈的信號燈。因為一旦感受到某種感情，身體便會隨之做出反應，因此集中精力感受身體出現的反應，便是觀察內心的最佳方法。

意識到自己生氣以後，接下來要試著與憤怒保持距離，捫心自問：「我為什麼會生氣呢？這是威脅我的基本價值、欲求和信念的事嗎？」這樣講也許聽起來很抽象，但意思是告訴大家不要批判受感情所困的自己，指責自己沒出息。**不必克制「我不能這樣」或是「應該儘快平息怒火」。讓我們像這樣練習如實地觀察自己的感受吧，「我現在討厭那個人」、「原來我是想報復啊」**。像這樣，不帶批判性的讀出自己的感情，並且保持距離的觀察，與審查感情是否正確又是兩碼事。假如意識到自己是因為對方不迎合自己，或是沒有滿足自己的要求而生氣，那就先把這件事放在一邊好了。怎麼做？就放在一邊。為什麼要這樣做呢？因為這樣的想法是不合理的欲求。誰也沒有滿足我們欲求和要求的義務，同時他人也有否定我們的權利（當然，不要忘記我們也有這樣的權利）。

不管怎麼想，都覺得自己的憤怒不是出於不合理的想法，或是隨心所欲的慾望，那就鄭重地、誠實地向對方表達自己的不滿吧。如果把心情糟糕、傷心、難受或是不滿表達出來，說不定還會得到意外的禮物。說不定對方會順從地道歉，或是為了挽回彼此的關係而付出努力。

我也曾向當事人表達過心中的不滿。對方聽完我講的話後，認同了我的說法，覺得自己這樣做的確引起了誤會。並且還感謝我說了對自己有幫助的話。這件事以後，我們變得更加信任彼此了。假如當時我沒有說出這件事，說不定只會自己生悶氣，覺得彼此不適合做朋友，進而疏遠對方。這樣的話，最終只會錯失好友，反倒增添對世界的不信任和受害情結。最終只讓自己吃虧。

如今，旻秀不再努力地「好好生活」了。至今為止，他選擇的生活方式是「不能挨罵」。一直擔心受怕，害怕受到他人指責的旻秀恍然大悟，原來指責自己的人不是別人，而是自己。旻秀心中理想的生活方式之二是，得到他人的稱讚和認可，但如今他只想「盡力而為」。旻秀笑呵呵地說：「我努力奔跑，跑得連胯骨都要散架了。」雖然他還是會聽到內心批判者的聲音，渴望得到認可的內在小孩也還是不斷地糾纏著自己，但他不再覺得自己沒出息了。變得對自己寬容的旻秀不再對身邊的人發脾氣了，他只是在自己訂下的嚴格比賽中跑得太久，因而喘不過氣罷了。現在他放慢了腳步，也理解了生氣的心情，這才鬆了一口氣。

我和媽媽是他人

摘掉那張不知何時戴在臉上的孝女假面以後，
我的心情變得很少因母親的稱讚和指責大起大落了。

「我是孝女吧？」

「當然，但妳媽可未必這麼想。」

曾經有人說，我命裡注定是個「孝女」。聽到這句話時，我莫名感到很開心，心想總算有人看出了我為媽媽著想的苦衷。但媽媽怎麼可能不這樣想呢！我就像洩了氣的壓力鍋，失望頓時湧上了心頭。我嘟著嘴說：「做到我這種程度，難道不是孝女嗎？」但轉念一想，「是啊，媽媽也會對我做的事心存不滿。」想到這，我又不免傷心了起來。

為了迎合別人的標準，丟失了「真正的自己」

我會努力做討媽媽開心和欣慰的事。坦白講，用戰戰兢兢來形容我更為貼切。所以我才覺得「媽媽不認為我是孝女」，等於是「媽媽不認可我」。雖然媽媽稱讚我的次數不少，但其實我卻從未感受到無條件的接受和認可。比如，考試取得好成績時、把家裡打掃得乾乾淨淨時、解決了麻煩的事情時，媽媽才會稱讚我。稱讚的內容都是「做得好」、「謝謝」和「果然還是大女兒」等等的話。我做這些事都是為了討媽媽的歡心，所以只有滿足她時，才能得到這些有條件的稱讚。

很多時候，一句稱讚會附帶另一種履行條件。取得好成績時的「下次要考得更好」，打掃乾淨房間時的「這樣做就對了」，處理好問題時的「沒有妳可怎麼辦」，這些都是附帶履行條件的稱讚。聽到下次要考得更好，便產生為了滿足媽媽必須更加努力的壓迫感。一想到媽媽如果收回稱讚時，我就會感到很失望。這樣做就對了，這句話聽起來更像是指責我沒有經常做家務，反而讓我感到很內疚。沒有妳可怎麼辦，這種話更像是「不要離開我」的枷鎖，這讓我感到心裡煩悶，反倒更想尋求獨立了。我越是受到稱讚，越是覺得內心充斥著罪惡感。

稱讚不一定是脫口而出的話，也可以是表情或者肢體語言。一個欣慰的笑容，溫柔地摸一下頭，拍拍屁股或是拍打一下後背等等，這些非語言的信號反而能發揮更大的力量。同樣的，批評和斥責對方時，比起使用語言，非語言的態度更能刺激到對方。翻白眼、滿心懷疑地歪著頭、沉默不語、無情地甩頭走開，或是與對方保持距離等等，對那些渴望得到稱讚和認可的人來講，對方每一個小細節和小舉動都很容易被解讀成為討厭、拒絕和指責的信號，進而覺得像匕首一樣插進了心裡。我也是一樣，比起聽到媽媽的一句稱讚，她那燦爛的笑容更讓我覺得幸福。當媽媽眯起眼睛看著我時，我也會覺得心虛，好像做了什麼錯事一樣。正因為這樣，我解讀媽媽發出的無言信號的能力也越來越厲害了。我的喜怒哀樂完全牽繫著媽媽，為了成為更好的自己，為了讓媽媽滿意，我把「真正的自己」關了起來。以至於後來，當我想要尋找「被我遺棄的自己」時吃了很多苦頭。

為什麼我那麼渴望得到媽媽的稱讚和認可呢？因為我想安慰得不到丈夫的愛的媽媽，告訴她「妳不是一個人」。我想成為獨自扶養子女長大的媽媽的力量，告訴她「我們是一家人」。不光是我，很多「善良的小孩」都會用這種方式表達和尋求父母的愛。想要討父母的開心、讓父母幸福是孩子單純的意圖和唯一的方法，也是下意識選擇的生存戰略。但如果養育者有條件的對待自己，並且得不到愛（認可），就會感到不安。此時，既能消除不安又能得到愛的方法，就只有滿足那些條件。正因為這樣，孩子才會領悟到這樣做才會讓情況好轉，自己才會成為重要的存在。只有不斷填滿父母覺得不夠完整的空缺，才會覺得自己能夠成為「重要的存在」。因此形成了負面效應的信念。

但父母必須牢記一點，孩子來到這個世界並不是為了填補父母的空缺。在孩子長大以前，改善狀況是父母的事情，而不是孩子應該擔負的責任。**如果父母懂得愛自己，並且在夫妻關係中能夠感受到安全感，自然會對自己的生活感到滿足，也會認為自己是完整的。這樣一來，就不會為了滿足自己而要求對方或孩子代替自己去幸福了。**我也是在長大以後，過了很長時間才明白了這個理所當然的道理。

渴望成為善待自己的人

即是家庭治療師，也是《家庭秘密》（Bradshaw on:the family）一書的作者約翰・布雷蕭（John Bradshaw）指出：「父母之所以會錯誤的教育和虐待孩子（讓孩子滿足父母的欲求，情緒虐待也包含其中），是因為父母本身不夠完整。」父母不能如實接受孩子，更不能滿足孩子的依賴欲求，因為他們也沒有從自己的父母身上得到滿足和需要。所以為了彌補自己沒有得到的東西，使自己完整，才會希望從自己的孩子身上得到補償。這時，孩子會感知出父母語言的、非語言的信號，並且通過解決這些問題讓自己成為重要的存在，還會努力不與父母分離成為一個整體。

這種努力的最終結果是切斷與原有的自己接觸，並給自己套上「善良小孩」的自我形象。分析心理學家哈爾．史東（Hal Stone）與妻子席德拉．史東（Sidra Stone）在著作《閣樓裡的我們》（Embracing Ourselves）中解釋了各種各樣的自我。這些自我也被稱為「很多個自我」、「複數人格」、「下屬人格」、「聲音」和「能量模式」。簡單地說，可以理解為多重人格。在我的各種人格中，最發達的是孝女人格。有的人是嚴厲父母的人格，有的人是撒嬌孩子的人格，有的人是批判者的人格。為什麼會這樣呢？人類在成長的過程中會領悟到做某些事可以獲得獎賞，做某些事則會受到處罰。這種領悟會使得某種特定的人格變得強大，相反的，某種人格則會被削弱。了解自己內在有怎樣的下屬人格，這樣的人格在現實生活中發揮著哪些作用，搞清楚這些原因可以看作是「意識的轉換」。通過這種意識的進化，認識到自己存在不妥當的自我形象，便是邁出尋找真正自己的第一步。

但像這樣認識到不妥當的自我形象，並且接受被忽略的能量絕非一件容易的事。人類比起未知的變化，更傾向於選擇熟悉的痛苦。因為當找到壓抑的人格時，很有可能面對「真正的我是誰」的混亂局面，而且很有可能破壞掉偽裝下的親密關係。但唯有經歷這種過程，我們才能回歸「善待自己」，而不是「善待他人」的狀態。

每個人都有人生的業，也有各自要經歷的痛苦和必須完成的人生課題。不能任由自己去遮掩別人心中的羞恥、填補他人的孤獨與空虛。這都是他們的責任，從一開始就不是我們可以代勞的事。代替別人也是對別人人生的一種侵犯，渴望通過滿足他人的欲求和不足來獲得認可、確認存在感，終究是不切實際的行為。嚴格來講，孩子也是他人。

我決定在贏得媽媽認可的戰役中投降，並且在感情上與媽媽做出分離。摘掉那張不知何時戴在臉上的孝女假面以後，我的心情變得很少因母親的稱讚和指責大起大落了。看來，說我命裡注定要當個「孝女」的話也是不能信以為真的。

首先來了解自己，接受自己「即使這樣也沒關係」，然後承認自己的能力與極限吧。尊重和疼愛自己是從了解自己開始的。這樣一來，就沒有必要通過他人來確認自己的完整性了。其實，那樣做是很無聊的。自己人生的故事，由自己來扮演主角才有趣啊。一輩子做配角，枉費一生有什麼意思呢？

當罪惡感亮起紅燈時

在採取下一步的行動以前，捫心自問：「這樣做是為自己好嗎？」、「我有看別人的眼色嗎？」、「我在害怕挨罵嗎？」

在學習心理學的過程中，我發現「善良的女兒形象」最令我感到痛苦。為了成為善良的女兒，我根本不知道被自己壓抑的另一個自我是怎樣的。因為我把自己人生的主人之位讓給了媽媽，所以很難接受自己是誰和壓抑了哪些感情。經過長時間的思考和學習，並且在人們的幫助下，我這才找到了善良女兒形象的本質——「擁有罪惡感的女兒」。它的力量過於強大，以至於自由的我、自私的我、懶惰的我、冷靜的我和冷漠的我等等，與「善良的我」相反的我都受到了壓抑。

罪惡感控制了我的想法、感情和行動，抑制了自由奔放和自私的性格。我不喜歡嚴格的規則、統一的秩序和形式上的禮儀，也不喜歡身體上受到任何制約和控制。我記不住朋友的生日，不擅長問候長輩，也不願參加形式上的慶祝或紀念活動，家庭聚餐或節日聚會也是如此。我是那種喜歡無拘無束、自由自在的人。

但我卻努力想成為一個「善良的女兒」、一個被人認可的「好人」，因此持續累積壓力和煩躁，空虛感也隨之加深了。每當這時，罪惡感就會現身為我解決問題。罪惡感啟動後，我便重新又做回了「好人」。但是這樣狠狠被壓抑的性格和本性終有一天會爆發出來，它們會抓著你的頭髮搖晃你，讓你覺得自己變成了瘋子一樣。我意識到這一點時，是在為了推遲離婚而分居期間。心裡難受的時候，身體也會出現狀況。我得了從未有過的皮膚過敏症，變成了對各種過敏原極度敏感的體質。幸好我發現了內心向身體發出的求救信號——「請關心一下我吧」。除了這些身體上的變化以外，還有像是攻擊性、憂鬱、偏執症、恐慌障礙等等的心理疾病都是「請關心一下我」的重要信號。

我們都難以抵擋罪惡感

與所有感情一樣，罪惡感的重量也會因人而異，根據情況的不同而千差萬別。從小小的內疚到令人心痛的罪惡感，這些感受會讓我們變得不自然、心情沉重。

「我太累了，連洗碗的力氣都沒有。吃完飯，我就回房間了。但換衣服的時候，突然覺得自己好像做錯了什麼似的，最後我只好到廚房把碗洗了。」

「同事找我幫忙，但我真的沒時間，所以拒絕了他。可這讓我很過意不去，甚至還失眠了。第二天，我跟同事說可以幫他，結果我連自己的工作都沒有處理完。」

「兒子聯考失敗，很辛苦地在準備重考，他整個人處在無力、憂鬱的狀態。這件事不光兒子，也成了我這輩子最辛苦的一件事。我實現了自己想做的所有事，我也是這樣教育孩子的，但唯獨這件事成了我人生裡不如意的一件事……可能兒子和我的感受一樣，我們讓彼此感受到了罪惡感。」

「希望媽媽不要在我面前罵爸爸了，我真不想聽。但我卻說不出口，因為她太可憐了。其實，心裡有這樣的不滿，讓我覺得很內疚。」

「孩子五歲時，我離家出走了。我實在跟丈夫一家人生活不下去了。我們全家開車出門的時候，我不止一次希望出場車禍一起死掉算了。即使孩子在身邊，我也這樣想過。結果我為了一個人活下去，抛下孩子，離家出走了，所以我覺得自己沒有資格幸福。」

罪惡感是對不可以做的行為產生的負面情緒。我們從小學習的基本規則分為必須做的和不可以做的。我們從小被義務性的要求「必須做到」什麼，可沒有人告訴我們「做不做都沒有關係」或是「做不到也沒有關係」。大人們要求我們要對長輩畢恭畢敬、孝順父母、不可以說謊、不可以給別人添麻煩、不可以過分表露內心的想法等等。這些規則使得人們不能平等地看待相互作用的關係，而是被強迫遵守垂直的秩序。並且處在不能容忍失誤與錯誤、問題與矛盾的刻板認知中，因此沒有根據自己與情況採取的變通性、承認極限的靈活性，以及對行為負責的自律性。正因為這樣，我們面對罪惡感時，才會變得很脆弱。

如果對他人的從屬性和忠誠心過重，也很容易產生罪惡感。從屬性和忠誠心，這難道不是善良人的痛苦根源嗎？在同等的夥伴關係中很難產生從屬性和忠誠心，但在家庭關係裡卻很有可能出現這種感情。

著有《我的傷口從何而來》（Das bleibt in der Familie）的心理治療師珊卓拉・康拉德（Sandra Konrad）指出「我們來自於養育者的保護與對他的從屬性，即使父母除了給予我們生命以外再無其他，我們也會萌生忠誠心。」絕對需要他人照顧的孩子可以自然地領悟出，如何維持與養育者的從屬性和忠誠心，並以此獲得稱讚與愛。但問題是，直到長大成人，也會通過他人來確認自己的存在感、滿足認可的欲求。要知道自己已經不再是靠從屬性做擔保，換取生存的孩子，而是即使不表達忠誠心也能獨自生活的大人了。身體與內心必須一起成長。身體已經成人，但還是利用過度的從屬性與忠誠心與他人建立關係，那與仍處在幼兒時期毫無差別。這些感情會促使我們做對別人更有利的事，而不是把自己放在首位。就算這件事對我是好事，但如果對方不這樣認為，我還是會心存內疚。正因為擺脫罪惡感等於是與那些「嘴上說愛我（或者我愛的人），但卻折磨我的人」展開抗衡，所以才更加難以做到。

如果產生了罪惡感，不妨停下來回顧一下狀況

既然如此，那我們要如何卸下罪惡感呢？雖然希望能像換衣服一樣隨便脫掉，但早已習慣了的忠誠心和自動產生的罪惡感，怎麼可能一夜之間消失得無影無蹤呢？拒絕向內心下達命令刺激罪惡感的具體方法，我會在最後一章深入講解。在這裡首先讓我們來理解一下，如何利用這個既能成為我們身體的信號，又能看作是辨別方向指標的罪惡感。**當察覺到心存罪惡感時，把它看作內心亮起了紅燈，然後讓自己先停下來。在採取下一步的行動以前，捫心自問：「這樣做是為自己好嗎？」、「我有看別人的眼色嗎？」、「我在害怕挨罵嗎？」像這樣，能夠辨別自己的行動是否出於從屬性和忠誠心，便能停止求得認可的腳步。這麼做是為了活得輕鬆。**

雖然疲憊不堪，但還是要洗碗的人，應該容忍自己的懶惰和拖延。告訴自己，我也有權利懶惰。難以拒絕別人請求的人，首先要讓自己相信，拒絕的不是對方本人，而是他提出的行為，因此沒有必要覺得抱歉。與此同時，也不要放大解釋這件事。更不必擔心因為我拒絕了對方，所以他也會同樣拒絕我。假如對方真的這樣做

了，那大可把他當作人生裡的一個過客。我們必須分開來思考行為與存在。充當母親發洩感情垃圾桶的女兒，有必要拒絕接受母親對於父親的憤怒，必須向母親表達自己的想法和感情。而且要知道，即使提出這樣的要求，也不表示說自己不愛母親。不，就算不愛也沒有關係。沒有帶孩子一起離家出走的女人也無需自責，她應該接受自己的行為，承認那是當下做出的最好的選擇，然後原諒自己，允許自己「我是有資格幸福的人」。

罪惡感危及人際關係

擁有內在化的罪惡感，便無法與人營造真正的親密感。

罪惡感是我們很熟悉的一種感情。聽長輩的話、做對的事就會得到稱讚和討人喜歡，不聽話、說謊或是打架，就會被說成是「惹事生非的小孩」。針對孩子的錯誤行為，養育者會利用刺激孩子的罪惡感教育孩子。但孩子的感受卻是完全不同的。孩子的罪惡感並非來自於自己的錯誤行為，而是來自於父母的失望與難過。此時，孩子會產生因父母對自己的行為不滿的罪惡感，同時也會因為得不到父母的認可和愛產生不安感。

罪惡感妨礙生活的安定

罪惡感會妨礙內心的平靜和安穩的生

活。罪惡感分為健康的罪惡感和內在化的罪惡感。但不管是哪一種罪惡感都很令人痛苦。內在化的罪惡感就好比是一塊阻擋在通往真正自我路上的巨大岩石。因此，我們有必要關注這種內在化的罪惡感。在善良人的人生裡，它是一種強大的力量，會持續拽著人們做一個善良的人。首先，讓我們來看一下健康的罪惡感與內在化的罪惡感存在的差異。

健康的罪惡感是以理解對方遭遇的傷害為基礎，對其痛苦感同身受，後悔自己做出的錯誤行為，並且求得原諒的能力。這種罪惡感從愛出發，是一種邁向原諒、和解與和睦的力量。健康的罪惡感會驅使牽涉國家暴力或政府腐敗的人們拿出勇氣，做出良心宣言或進行檢舉揭發，他們能夠感受到受害者的傷心與痛苦，承認身為加害者的個人或國家、政府的過失，並求得對方的原諒（當然也有可能出自擔心自己的過失被揭露，或是害怕受到嚴處）。健康的罪惡感在我們的日常生活中就有充分的例子。比如，讀書時曾是霸凌加害者的學生因為感到內疚，向受害者求得原諒。

內在化的罪惡感從表面上看也是一種對對方的感同身受和愛。但實際上，這是一種內心製造出來的習慣性恐懼與不安，並且帶有自我防禦的目的。我來給大家舉幾個內在化罪惡感的例子吧。

○覺得孩子晚婚是自己的錯的父母。
○覺得不應向不幸福的妹妹展示自己成功人生的姊姊。
○拒絕無法勝任的工作，但仍心存負擔的公司職員。
○只是心存不願聽朋友抱怨的想法也會感到內疚的人。
○無法忍受家暴的父親，選擇離家出走，卻因拋棄母親而倍感痛苦的孩子。
○無法忍受憂鬱且糾纏不休的交往對象，分手後，卻深感內疚的人。

罪惡感背後隱藏的真相

事實上，罪惡感是我們很難釋懷的感情。如果對那些受到罪惡感困擾的人說，不必在意罪惡感，那很多人便會反問「做人怎麼可能這樣呢？」正如反問的這樣，罪惡感也是身為人類的一種感情。但在很多情況下，這也是一種脫離自己的感情，我們為了躲避會對自己造成傷害的恐懼或不安，所以才會選擇稍稍能讓自己舒服些的罪惡感。讓我們根據上面舉出的例子，來了解一下罪惡感背後的真相吧。假設這些情況無處不在。

○覺得孩子晚婚是自己的錯的父母。
真相－父母將自身的不完整投射在孩子身上，並且擔心沒有盡到責任而受到他人的指責。

○覺得不應向不幸福的妹妹展示自己成功人生的姊姊。
真相－姊姊把通過比較所產生的優越感視為道德性的自我審查，甚至是自我批判，害怕且擔心被他人看穿。

○拒絕無法勝任的工作，但仍心存負擔的公司職員。
真相－對於無法得到好評、受到孤立或不合理待遇而心存恐懼與不安。

○只是心存不願聽朋友抱怨的想法也會感到內疚的人。
真相——如果不滿足對方，擔心彼此的關係難以維持，或是得不到對方的愛。
○無法忍受家暴的父親，選擇離家出走，卻因拋棄母親而倍感痛苦的孩子。
真相——因無法滿足安全的欲求，進而產生根源性的不安感，以及來自於認為自己無法得到幸福的自我否定的恐懼。
○無法忍受憂鬱且糾纏不休的交往對象，分手後，卻深感內疚的人。
真相——自己也會遭遇拋棄的不安，以及擔心被人指責為「壞人」。

罪惡感有時會保護自己

恐懼與不安是一種讓自己看起來很卑微的感情。但罪惡感可以證明自己不是一個壞人，而且因為它是一種能夠喚起共鳴的感情，因此也有保護自身的功能。這時的罪惡感只是表面的感情，恐懼與不安則是罪惡感背後隱藏的感情。但這並不意味著所有的罪惡感都隱藏著感情的另一面。十丈水深易測，一丈人心難量。若想了解自己真實的感情，就只能靠自己去探索。請銘記一點，壓抑或是歪曲感情不僅會遠離真實的自己，還會引發人際關係的問題。

如果擁有內在化的罪惡感，便無法與人營造真正的親密感。所謂的親密感是指以開放的心靈相互交流彼此的脆弱。但如果罪惡感已經根深蒂固，就只會根據對方的想法來採取自己的行動，進而過度消耗自己的努力，也只有責任和依賴才能成為這種關係的支柱。感受不到罪惡感，便會認為不需要承擔責任，這樣一來會難以與他人形成健全的關係。最終讓自己身陷孤獨和恐懼的處境。

若想重拾自己的力量，就要放下對他人不合理的責任感和對自己不切實際的期待。生活中總會遇到難以避免的事，失誤與挫折、修正目標或計畫、互相傷害、相遇和離別等等。只有放下對他人不合理的責任感和對自己不切實際的期待，才能做到如實接受這一切。

第四章

收起他人的視線

～ 不要再看別人的眼色了 ～

如何去愛自己原本的樣子？

把自己放在中心，為自己而活，
唯有這樣身心才不會感到疲憊不堪。

我們希望他人接受自己的全部，並且渴望得到無條件的稱讚。為了獲得好評，時刻都像備考一樣拚命努力，但到頭來卻往往不知道這樣的人生意義何在。過去因為太善良而疲憊不堪，此時則感到無能為力，也覺得很孤獨。正因為這樣，我們才會說：

「希望你接受我原本的樣子。」

「希望人們愛我原本的樣子。」

「不要只喜歡我擁有的東西，喜歡原本的我吧。」

如果不能通過適當的方式獲得愛與認可，靈魂便會感到飢渴，所以很多傾訴痛苦的人們才會異口同聲地說，希望以「自己原本的樣子」得到他人無條件的愛。要想做到這一點，必須先回答出以下幾個問題。

○何為原本的我？

○原本的我是一個怎樣的人？

○我了解原本的自己嗎？

○我愛原本的自己嗎？

若能接受自己，才能從他人的視線中獲得自由。只有清楚地了解自己，才能分辨他人對自己的批判是否正當。換句話說，自己可以選擇是虛心地接受他人傳遞的某種感情，還是選擇置之不理。這樣一來，就不必為了附和對方而察言觀色。**把自己放在中心，為自己而活，唯有這樣身心才不會感到疲憊不堪。**

收起他人的視線，與原本的自己相遇

何為自己原本的樣子呢？世界上有很多優秀的人，相比之下會覺得自己很差勁，有時不管怎樣努力也不如別人。又或者是，為了維持現在的聲譽，總是戰戰兢就生怕戴著的假面被風吹掉。有時，接受自己原本的樣子這句話聽起來會很像浮雲一樣飄渺。

「原本」的意思可以定義為「收起他人視線的狀態」。先拋開他人對自己的期待，或是自己揣測他人對自己的期待，以及他人的欲求和要求、暗示或明確的命令等，然後再來思考自己要做什麼、可以做什麼和想做什麼。我們可以閉上眼睛在腦海裡想。當然，最理想的是能列舉在紙上。你想過嗎？怎麼樣？是不是覺得要做的事轉眼就沒了？是不是搞不清楚自己想要什麼，覺得迷茫，不知道該做什麼？我也會這樣，大部分的人也都會這樣發呆。**收起他人的視線後，不僅會覺得輕鬆，甚至還會感到浮躁不安。但大可不必擔心，只要用自己的東西重新填滿，站穩腳步就可以了。**

我的一條腿曾經打過兩個多月的石膏，痊癒後卸下石膏時，由於腿上的肌肉退化，整條腿變得消瘦了。當我邁步前行時，身體搖晃失去了平衡。雖然我知道會這樣，但在那一瞬間還是嚇了一跳，我以為「該不會不能走路了吧？」不過兩個月的時間而已，我的腿就僵硬了。所以可想而知重拾擱置在一旁長達數十年的感情和欲求又會怎樣呢？大腿重新長回肌肉又用了兩個月的時間，這與打石膏的時間成了正比。收起他人的視線，改變固有的習慣也同樣需要相當長的時間。如果是長時間活在他人的視線裡，那麼就需要更長的時間來改變自己。當然，也有縮短時間的方法。那就是**針對自己進行學習和研究，在日常生活中去實踐尋找自己。這樣一來，便會在不知不覺間發現自己過著自己想要的生活，而不是別人想要的生活。**

在生活中，我們多少會在意他人的視線。因為希望受到歡迎，希望成為大家有好感的人。我們會儘量不做他人討厭的事，也會努力揣測別人的心。即使做出讓步或是吃點虧，也希望能與對方維持良好的關係。因為只有這樣，才能不遭人指點、說閒話。如果做得好，還能得到稱讚、獲得「好人」的認可。像這樣在形成自我形象的過程中，他人的介入是極其自然和普遍的。但問題是程度的差異（這裡提到的程度差異是指他人介入的程度，也就是說受到多少他人的影響）。

我們不能讓他人的評價成為評估自己的標準，更不能絕對地、盲目地相信他人的評價。如果利用他人的評價來判斷自己，或是讓他人的判斷成為自己選擇和行動的動機，那可就很危險了。這會成為一種傳達給試圖剝削或操縱自己的人的訊息：請按照你的喜好使用我吧。

他人的評價並不代表是自己

惠敏給自己貼上了「挑剔又古怪」的標籤。但我跟數月來一起參與治療活動的其他人都不同意她的這種說法，因為她既溫柔又親切，而且有很強的共感能力。但聽完她的故事以後，我便明白了。

「妳怎麼這麼挑剔、敏感呢？因為妳，我都快活不下去了。」

從小到大，母親經常這樣責罵惠敏。

「這孩子什麼都挑剔，真是累死我了。」

母親還會經常跟親戚或朋友發這樣的牢騷。每當這時，惠敏都會認為「我是讓媽媽受累的壞孩子」。也許正是因為這樣的原因，惠敏養成了一個習慣，現在她不管做什麼都會懷疑自己的行動是否有別於常人。另外，如果不向「有能力的人」確認自己現在做的事情是否正確、是否應該繼續做下去，便會感到不安。這樣的她自然對自己的想法、動機和行動毫無信心，她總是擔心對方會不耐煩或是討厭自己，所以越來越採取謹慎和順從的態度。童年烙印在腦海中的記憶成了她自我評價的基準，而且還影響到了她的思維、行動和人際關係。現在惠敏已經醒悟到，是自己將他人賦予自己的部分特徵不假思索地當成了整體特徵。現在的她正在練習讓自我為中心，並且參考他人的意見和判斷來定義、陳述自己是一個怎樣的人。

我做得如何呢？我是否也在不知不覺中吸納了周圍人反覆灌輸給我的負面資訊呢？我是否在心中不斷循環著重要的人對我僅有的一次否定呢？我是否一直把他人給予的標籤和評價當成了標準答案，並套用在自己的身上呢？

不要再看別人的眼色了

把至今為止使用的力量轉向自己的內心，
用在自己的身上吧。

在意他人視線的人會特別注意不去做那些看似自私、妨礙他人，以及容易被人抓住把柄的事。他人的反應和評價會成為自己行動的重要方向。比起自己的主觀和信念，若把他人的評價放在首位，必然會過上察言觀色的日子。

所謂察言觀色，從肯定的角度來看，可以視為判斷狀況的能力、共感能力和具有恰當的社會性。在人際關係中也需要適當的察言觀色，假如絲毫不懂這些，便無法與他人形成親密的關係，甚至會引起他人的誤會、厭惡或是受到排擠。當然，這裡提到的「眼色」領域並不是適當的社交範疇，而是充滿嚴重的監視和警戒的生活態度。如果過於在意他人的視線，便會出現以下不自然的行動：

○不想讓別人心煩，所以凡事過於謹慎小心。
○為了搏取好感，過於阿諛奉承他人。
○不懂得拒絕，無條件地順從他人的意見。
○遇到不公平的待遇時，出於擔心會造成更大的損失，因此不做抵抗。
○一直需要權威人士或重要的人給予確認和允許。

如此一來，判斷情況的能力和採取行動的態度便會失去意義，人生也會處在毫無免疫力的狀態下。即，徹底喪失自尊感的狀態。

對於看他人眼色這件事，我們都持有雙重且矛盾的態度。看與不看他人的眼色都是問題，該行為的主體是自己或是別人，決定了這是令人厭惡的舉動，還是有利於自己的行為。看他人的眼色關係著自尊心和自尊感的問題。不看他人的眼色，隨心所欲、堅持己見，會被視為自私。因此，我們都希望自己不看別人的眼色，但對方最好懂得察言觀色。

家長評價孩子是否會看人眼色也是具有雙重性的。如果孩子不會看眼色行事，家長便會說：「這孩子是像誰啊？怎麼一點都不會察言觀色。這樣下去沒有人會喜歡你。」相反的，如果孩子很會看人眼色，家長便會當面指責說：「這麼小就看人眼色，一點都不像個孩子。」這樣長大的孩子會練就出很強的「看眼色功力」。長大以後，這些「看眼色達人」到了人生的某一個階段，即，「看眼色的臨界點」時，便會厭倦看別人眼色這件事。他們會在心裡想，我這輩子一直看別人的眼色生活，如今大家也應該看看我的眼色了。看別人的眼色會讓自己的內心混亂，還會成為一把透明的刀勸誘（有時是強迫）他人服從自己。

活在他人的視線裡

看人眼色、活在他人的視線裡，意味著父母、權威人士和世人的眼睛成了監視自己世界的主人。因此，在意他人如何看待自己的人，多半都會順從、依賴彼此建立的關係。如果監視自己的「眼睛」成了主人，那麼他人瞪大的雙眼便會一直跟隨著自己。正因為這樣，自己的一舉一動才會顯得不自然。由於在意他人對自己的評價，因此所有的指責、拒絕和不親切的忠告都會像打在臉上的巴掌一樣成為傷害。

而且還會因為該事件過度責難自己，造成自尊感嚴重受損。最終本人會變得極度害怕失誤、失敗，因為不想暴露自身的弱點，所以身心會一直處在緊張的狀態。

那些對他人視線敏感，且順從別人的人會特別希望得到周圍人的認可和愛。很多人表面上看都很有自信，也能勝任自己的工作，而且性格開朗，能與周圍的人相處得十分融洽。但矛盾的是，這些人的內心卻像受到威脅一樣，大部分人的自我都很軟弱、無力。如果請他們用畫來表達自己的心態時，很多人會畫關在籠子裡的兔子、淋雨的小貓或是張開雙臂期待擁抱的孩子。現實生活中，我們希望自己成為對他人需要的存在，但內心卻是相反的，我們迫切渴望得到他人溫暖的擁抱、無微不至的照顧和保護。親密感、愛情和歸屬的欲求佔據著我們的內心。

對他人的視線敏感的人，如果一直無法滿足欲求，或是反覆經歷挫敗，內心壓抑的憤怒和攻擊性便會隨之增大。如果得不到對方的愛與認可，便會認為自己的善良遭到了踐踏，因受到無視而產生恥辱感。正因為這樣，在為他人著想，甚至甘願犧牲自己的態度背後，隱藏著想要懲罰那些不懂自己的人的心理、以牙還牙的報復心、控制和操縱他人的慾望、隨心所欲以自我為中心的心態，以及無論如何都想獲勝的心態。當我們萌生這些想法時，會感到驚慌失措，甚至會覺得自己是一個偽善的人，也會因此感到內疚和羞恥。

但這裡需要注意的地方是，不要站在自己的立場放大這些負面的想法，或是過於在意這件事。這不是你的錯，我們的心原本就是這個樣子的。與此同時，還要能收回試圖鎮壓住對方的力量。如果有讀者認為「我竟然處在這麼嚴重的狀態」，那就要趕快回來了。回哪裡？回到「我又不知道，知道了還會那樣嗎？」的厚臉皮狀態。

安慰一下因為善良而疲憊的自己吧

所有行為的動機必然存在對自己有利的一面。在他人的評價中貶低自我價值，察言觀色，渴望得到愛與認可，然後為了守住那份認可和愛過著順從他人的生活，那這裡面一定存在著某種其他的利益。

首先，如果優先考慮他人的立場，盡可能配合他人，那麼自己大可不必對結果負責。「因為這是你想要的」、「因為你說這麼做的」、「我都是為了你」，像這樣把責任嫁禍給對方。感情也是如此，我們可以把感情的原因推卸在對方的身上。我為了跟他一起做他喜歡的事，花費了自己的時間和金錢，但如果他不高興，我就會失望或生氣。所以我現在生氣和失落的理由都是因為那個人。我們會以這樣的理由把責任推卸在對方身上，甚至還會覺得對方應該哄自己開心。如果無法理解這種說法，那麼可以反過來思考一下。我們跟某人在一起覺得很幸福時，會認為「因為」那個人，所以感到很幸福。即，認為是那個人帶給自己幸福的。像這樣，不管是幸福還是不幸福，如果認為都是源於對方，那麼大可減少自己應該承擔的責任重量。

其次，如果把自己的行為和感情的責任推卸給對方，自己便不必做出任何的改變。變化會讓人心動，使人憧憬未來，也會成為促進成長的原動力。但所謂的內心變化，卻要承受辛苦、痛苦和危險。因為在發生內心變化的過程中，必然要面對陌生的自己，隨之而來的還會有恐懼與不安。因此不做出改變，就意味著不去冒險，維持適當的安全。如果是這樣，便無法期待獲得成長和治癒了。

我們一直活在他人的視線裡，為了得到他人的稱讚而努力，還會不斷地看別人的眼色。但即便是這樣，也不用覺得自己很寒心、可憐。每一瞬間，我們都在自己的能力範圍內竭盡所能。相反的，我們傾注了太多不必要的能量，活得比任何人都要努力。我們應先認可自己的這份辛勞，然後好好安慰一下因為善良而疲憊不堪的自己。不過，假如你希望內心更舒服、更自由，就要拿出勇氣試著尋求改變。把至今為止使用的力量轉向自己的內心，用在自己的身上吧。驅走那些駐紮在我們內心的視線，讓一直緊繃的身心得到放鬆吧。

從他人的視線裡獲得自由的方法

嘗試表達出「不行」、「不要」和「這是我的」的想法，
同時努力恢復自己的自律性和獨立性。

他人的視線、評價和眼色就好比捆綁在一起的爛繩子。為了得到愛，或是有能力的人的評價，我們會死死抓住它不放，但最終這條爛繩子會斷掉。因為活在他人的視線裡，就好比在自己的身上綁上鈴鐺，時刻逼迫自己要讓全身的細胞和神經保持緊張的狀態，但問題是任何有機體都不可能無限的持續緊張，任何一種能量也不可能停留在固定的狀態下。最終，這種緊張會演變成無力感或憤怒。你是否有過這樣的經驗呢？儘管很努力地生活，也沒有引發過大的問題或是矛盾，但有時卻會覺得人生很乏味，為莫名的無力感、憂鬱和不知從何而來的煩躁、怒火而困惑不已呢？這是憂鬱症，還是更年期呢？再不然

就是職業倦怠症？我們是不是比起關懷自己的內心，更容易把自己看成患者，然後擅自給自己診斷病名呢？目前為止，哪怕是這樣做了，也不用擔心。這些通過強烈感情表達出來的無意識信號，意味著內心的自淨功能已經啟動。內心在告訴我們不要再看他人眼色，放鬆地生活。這是一件值得慶祝的事！

驅趕君主是以小犯上的事。不，這應該看成一種革命，所以我們才會覺得這是一件充滿困難和恐懼的事。更何況，周圍的抵抗勢力也很強大。這是推翻原有的秩序和勢力的事，所以必須拿出勇氣。最初那位君主就是沒有資格，因為誰都無法主宰我們的人生，驅趕沒有資格的君主，對自己而言等於是正義、正當的和必然要做的事。現在就來摸索一下奪回自己寶座的方法吧。

在自己的人生裡找尋自己真正的位置

首先，我們要告誡自己「可以想要」認可和愛，但這不是「非要不可的」。不管是金錢還是欲求，越是想要越是得不到，越是想要填滿越是會流失。認可和愛更是如此。希望得到認可，與他人交流感情是人類本質的欲求。因此，為了滿足這種欲求，我們有必要付出努力。但不要覺得可以無條件地放下想要得到認可和愛的想法，要知道「希望的」和「不能沒有的」是兩碼事。假設認為沒有認可和愛，便無法確認自己的存在價值，並且擔心和害怕得不到，那麼這就不再是希望事項，而是成了必要事項。如果必要事項無法得到滿足，便會感受到強烈的挫敗感和無力感，也會因此失去人生的意義。

換一種思考的方法，能得到認可與愛自然是好事，但得不到也無所謂。為了不辜負他人的期待，力爭到的認可和滿足他人的喜好換取來的愛，這些都是不真實的。因為可以很明顯的看到，當我們無法滿足他們的時候，他們就會收回這些認可和愛。但我們很聰明的是，早已對此心知肚明，所以才會為了不丟失這樣的認可和愛更在意他們的評價、更細心地觀察他們的反應。**我們來重新思考一下，自己想得到的是虛假的認可和愛嗎？如果我們的生活一直被他人的視線左右，那還是自己真正的人生和利益嗎？**

其次，**我們有必要遲鈍地、毅然地面對他人的視線和反應。**當沒有得到自己預想的認可時；不要說是認可了，反倒遭到貶低時；當對方看不到自己取得的成果或善意時；當不受歡迎或沒有人款待自己時；當別人在背後議論自己時；當大家不同意自己的說法頻頻搖頭時等等的情況下，我們都會變得畏怯。但事實卻是這樣的，並沒有人把我們變得微不足道，那些瞬間並不具備任何的威脅性。真正危險的是，自己主動走進畏怯、一蹶不振的狀態。「沒用的，他現在肯定討厭我。」、「連爸媽都不理解我，誰還會理解我呢？」、「他們肯定是為了傷害我，才這樣做的。」這些想法等於是向佔領了我們內心的君主屈服。別人會跟自己的想法一致，但也有可能不同。不管他人的行動是否正確，那都是他們的權利和自由，也是他們自己的判斷。那些判斷不等於是自己的。同樣的，希望對方給出自己想要的反應，也屬於自己的依賴心裡、控制欲求和支配欲求。同時也要認識到，自己給出對方想要的反應，就等於是受到了對方的控制。只有自己才能控制自己的人生。換句話說，面對對方的某種態度應該做出怎樣的反應，完全是自己的選擇。

最後是允許自己的自私。首先，應該了解一下我們對自私的成見。一般來講，自私是指不考慮他人，只在乎自己的行為。事實上，這種情況與其說是自私，不如說是無情無義。「自私」指的是謀求自身的利益。為自己謀求利益為什麼是不好的呢？為了謀求利益，損人利己或是傷害別人才是壞事。這種行為不是自私，而是存粹的惡。因此，可以說自私並不是一件壞事。所有的生命體都有自私的一面，因為只有這樣才能不被壓迫、不被吞噬掉，才能謀求生存。對於有機體而言，自私不是選擇，而是必須。正因為這樣，允許自己的自私，就等於是允許原有的東西繼續存在下去。恢復自私性是重新找回自己力量的捷徑。利己主義是錯誤的，利他主義是正確的，這種黑白想法讓我們變得刻板。沒有人必須為他人著想或做出犧牲，更沒有這樣的必要，只要根據不同的情況做出明智的選擇就可以了。**我們都活得太為別人著想了，自私點沒有關係。不，應該說合乎情理的為自己自私。**

建立完整自我的革命時期

在人類發育的階段中，最具革命性的時期應該是可以開口說「不行」、「不要」和「這是我的」的時候。孩子正式學習講話的兩周歲前後，稱之為「學步期」。這時的幼兒會讓人看到人類在進化的過程中最為驚人的一幕——直立行走的瞬間。人類從四腳爬行到雙腳直立行走，這使得原本朝向地面的視野變得廣闊了起來。雙手自由後，很多事情便可以自食其力了。人與人直立面對面，這意味著向對方展示五臟六腑，即表示信任對方。因此孩子學會走路，能用雙腳直立行走，則意味著開啟了新的世界。當孩子開始跌跌撞撞的走路、搖搖晃晃的奔跑時，伴隨著這種革命性的身體活動，心理上的進化也在進行。隨著想要自主決定和行動欲求的增強，孩子會做出反抗和否定他人的行為。但這是因為「自律性」正在發育的緣故。與此同時，孩子開始區分自己與他人，進而產生「屬於自己」的概念。孩子為了守住屬於自己的東西，會亂丟東西或是乾脆躺在地上與家長展開一場生死決斷的戰爭。面對孩子形成自律性和獨立性的這段時期，我們卻把他們稱之為「討人厭的四歲小孩」。正因為這樣，他們才會緊閉著嘴不肯吃東西；才會在家長忙得不可開交的時候，堅持要自己穿襪子；即使幫他們把穿反的衣服穿正過來，也會大哭大鬧。站在家長的立場來看，這些小東西力量強大，對他們既愛又恨。但如果把這看作是人類首次嘗試直立行走，又是多麼神奇和欣慰的一件事呢。

讓我們來設想一下，收起至今為止我們所熟悉的行動方式，把活出自我這一治癒過程看作是孩子的學步期。**嘗試表達出「不行」、「不要」和「這是我的」的想法，同時努力恢復自己的自律性和獨立性**。對於從未這樣生活過的自己來說，可以像孩子學習走路、獲得寬廣的視野一樣，進而享受到自主控制和決定的喜悅。當然，在我要獲得自律性的過程中，可能會受到周圍人的妨礙或阻擋。他們會說一些不願看到我們成長和做出改變的話。比如，「你為什麼突然變得這麼自私」、「就跟過去一樣生活吧」、「人臨死前，才會尋求改變」等等。但是，已經利用雙腳走路和奔跑的人，怎麼還會靠四肢爬行呢？周圍人的妨礙、嫉妒、不安和憤怒也是正常的。**變化是陌生的，因為恐懼，所以我們都不喜歡陌生的東西。當遇到周圍人的反抗時，只要理解為「他是在害怕」就可以了。這都是他自己的問題，我們只要走自己的路就可以了。**

你不說難聽的話的理由

這正是因為自己困在了自己經營的「形象」裡，
即，「別人眼中的自己」。

寶嵐最近覺得很心煩。她在一家規模很大的餐廳負責收銀工作，但卻發現只有自己一個人在打掃廁所。因為餐廳大，所以廁所也很大，加上有很多馬桶，所以每次一個人打掃時，她都會一肚子怒火。我問她，既然這樣怎麼不跟工讀生輪流來打掃呢？她回答說，說了也無濟於事。

「年輕人不想做那種事。哎，我也不想說那些年輕人，嘮叨幾句就會被當成老頑固。與其這樣，還不如忍下來。可是我越想越覺得生氣。」

「那就當個老頑固好了。」

「我不要當，哪有人喜歡講話難聽的人啊。」

寶嵐有沒有跟同事提議大家來輪流打

掃廁所呢？進行諮商的時候，沒有聽到這樣的消息。不知道她現在是不是也一邊嘟囔著不滿，一邊打掃著廁所呢？為什麼她一方面覺得自己受到了不合理的待遇，另一方面卻沒有提出解決的方案呢？正如寶嵐自己回答的那樣，她是「害怕大家討厭自己」。她寧可忍氣吞聲只把不滿放在心裡，也不想做一個讓大家討厭的人。進一步地說，她這是在滿足他人「逃避的欲求」，進而在心底默默地大喊「我為你們受了這麼多苦，你們應該喜歡我。」

但問題是，這樣一來內心會爆發出更大的吶喊聲。寶嵐的情況是，內心出現了「煩躁」。其實，她的煩躁是在無意識地訴求「不要只在乎別人，也像對別人那樣關心一下自己吧。」如果寶嵐不傾聽這種訴求，說不定某一天她就會怒氣沖沖地跑去辭職，覺得再也做不下去了。受到忽略的無意識不會放任自己這樣生活下去，在極端的情況下，還會因產生受害意識進而指責他人自私，或是凡事都怪罪他人。再不然就是忍氣吞聲地離開公司，然後覺得沒有做出反抗的自己令人寒心。

為什麼我們不說討人厭的話呢？

我們不會說討人厭的話，因此才會因為別人對自己說了那些「難聽的話」而感到受傷。與其說寶嵐「不願意說」討人厭的話，其實她是「不願意聽」討人厭的話。因為自己無視和反抗長輩時，會覺得他們是老頑固，所以才擔心別人也這樣看自己。這也可以看作是一種投射心理防衛機制。說些忠言逆耳的話，不見得就會招來對方的反感，但我們有時還是會像天崩地裂一樣戰戰兢兢。**這正是因為自己困在了自己經營的「形象」裡，即，「別人眼中的自己」。如果一直把自己困在這種形象裡，無法坦蕩地接受他人的不友好，只是不斷地受傷，那最後吃虧的人只會是自己。**

正如前面所說的，不一定非要為他人著想，只要能根據情況做出正確的選擇就可以了。這種為他人的著想和犧牲，也是出於想要得到認可和愛的欲求。比起有意識的、正確的做出選擇，很多時候我們所採取的行動都是為了迴避非那樣做不可的不安。正因為這樣，我們才會覺得身體疲憊不堪，心靈焦躁難安。

在社會生活中，渴望滿足愛的欲求的寶嵐努力維護著自己良好的形象。但在家裡，她也遇到了同樣的事情。比起對兒子進行正確的教育，她更急於得到兒子的愛。有一次，她提到念國中的兒子無視自己，心裡十分難過。兒子想吃泡麵，寶嵐煮好後，兒子卻像大人一樣用訓斥的口吻說：「我不是說過不要放蔥嗎？」寶嵐生氣地說：「你怎麼講話這麼沒有禮貌呢？」可誰知兒子竟然回嘴道：「我說了好幾次，都是妳聽不懂，才會這樣。」（事實上，寶嵐有不聽別人講話的習慣）於是我問寶嵐有沒有教育兒子，但她卻說：「我覺得無可奈何，就沒再跟他理論了。」

「如果平時孩子也很沒有禮貌，妳會怎麼做呢？會教育他要有禮貌嗎？」

「不會，我不太會這樣。」

「為什麼？」

「如果這樣做，我怕孩子會討厭我。每當兒子拍著我的背說：『媽媽，辛苦了！』，我都能感受到兒子的愛。如果訓斥他，我怕他再也不會這麼對我了。」

錯誤必須講出來

這個問題非常嚴重。寶嵐沒有妥當教育兒子的理由是，害怕兒子會「不愛自己」。為了滿足自己對愛的欲求，寶嵐對兒子嬌生慣養，最終導致母子之間無法溝通。而且不難看出的是，在這個家庭裡兒子充當起了母親心理上的伴侶。父母不對孩子進行健康的教育，孩子便不懂得感激父母，更不會覺得對不起父母。這顯然是「父母的錯」。我的老師曾說過「父母不是接受孩子的愛的人，而是應該給予孩子愛的人。」很多時候，我也好像在扮演母親的「丈夫角色」。當聽到老師的那句話時，我彷彿得到了安慰，「從現在起，我再也不用扮演母親的父母，或是丈夫的角色了」。如果孩子面對父母時，持有的不是子女的態度，而是父母的另一半的態度，那說明了孩子此時正處在懸崖邊上。身為父母不能期待和要求從孩子身上獲得在自己的父母或配偶身上得不到的愛。為人父母只要自然地去愛孩子，便會得到身為父母能夠得到的另一種愛：尊重和尊敬。

如果不正確的教育孩子，說不定有一天孩子會埋怨父母說：「為什麼把我養成這樣？」就算孩子不這樣講，但日後看到他們難以適應社會生活時，便會後悔「都是自己沒有教育好孩子」，又或者到了閉上雙眼的那天也不會意識到這一點。有的父母老了，孩子也長成了大人，但他們卻始終停留在「大小孩」的狀態。

以寶嵐的情況來看，她為了維護自己的形象，忍受著不公平的待遇。不僅如此，出於擔心得不到兒子的愛，所以沒有盡到教育的義務，這都是因為她過度重視別人對自己的評價了。自己對自身的評價和信念才是最重要的，像這樣重視他人的評價和認可，只會賦予他人絕對性的力量。針對這種情況，卡倫．荷妮（Karen Horney）在《我們內心的衝突》（Out Inner Conflicts）中提到了會出現的情況，「能做出實際貢獻時，也不能表達自己的意見，即使有創造性的能力也難以得到發揮。此外，因為不敢施展自己的魅力，所以難以給人留下任何印象，進而找不到更好的工作。」

雖然有時直言不諱、固執己見的人會讓人覺得討厭，但有時也會覺得這樣的人很帥氣，並且羨慕不已。這樣的人似乎在現實生活中也佔據著很好的位置。相反的，那些不敢表達自己想法，彷彿把世上所有的重擔都挑在自己身上的人看起來絲毫沒有魅力，而且只會停留在比自己能力差的位置。我們不如改變一下自己，活得更有魅力一些吧！**因為不想成為別人眼裡的老頑固而默不作聲，這樣做一點也不優**

秀，有錯誤直接講出來才是最棒的。像這樣有話直說，秉持「不行就算了」的態度才是真正的大人。

第五章

善良的背後

～哪怕做一個壞一點的人～

過分獻身，只會附帶犧牲

自己為孩子過分的犧牲，同樣的，
孩子也會為這樣的父母作出犧牲。

四十多歲的永哲是一個為人坦承、很有責任感的一家之主，也是努力抽時間陪伴孩子的父親。永哲一臉滿足的表情提起去江原道妻子的老家旅遊的事。

「玩得開心嗎？」

「老婆很開心，孩子們也玩得很開心，好久不見的岳丈岳母也都很高興。」

「全家人都很開心，那您呢？」

「我也很開心。」

「具體什麼事令您開心呢？」

「全家都很開心，所以我自然也很開心。啊……但心情有點奇怪。」

永哲喜歡攝影、騎腳踏車和旅遊，但結婚以後，特別是有了孩子以後，他卻很少擁有屬於自己的時間了。他覺得只有跟家人一起共度時光才是有價值的，他希望自己更加努力地工作，儘快升職，賺更多的錢，把孩子送進大學以後，好跟妻子搬去田園享受晚年。但問題是現在！現在的自己不覺得幸福。

永哲因為突襲而來的憂鬱接受了心理諮商。通過諮商他了解到，這是因為自己為了完美扮演一家之主而開啟的獻身精神出現了裂痕。但他還沒有做好面對這一切的心理準備，因為面對長期以來的獻身和壓抑的欲求時，會產生些許的空虛感，同時也會覺得對不起家人。不僅如此，還會覺得自己變成了沒有責任感、很自私的人。

可能遭到拋棄的本能性恐懼

有的人因為獻身，進而失去自我，最後變得很憂鬱。永哲受困在善良人的框架裡動彈不得，而站在對立立場的家人則要接受他的獻身，特別是他的小孩，日後為了回報從父母那裡得來的一切，也勢必要走進同樣的框架裡。即，成為跟父母一樣的「善良人（這種情況下的父母和孩子情況相同）」。對孩子而言，這是關乎生存的問題。孩子若不能實現父母的期待，即，不能回報父母對自己的獻身，便會產生可能遭遇拋棄的本能性恐懼。正因為這樣，才會出於本能的走上「善良人」之路。最終，這些善良的孩子會隱藏像是不安、恐懼或憤怒等負面的情緒，為滿足父母的欲求和期待，成為「實現願望的代理人」。這種替別人實現願望的代理人，非但不會自由地表達感情，而且還要承受壓抑慾望的犧牲。然後跟自己的父母一樣，為了得到他人的認可和愛，讓他人成為自己世界的主人。如此一來，他們會對別人講的話和要求過度敏感，也會很容易受到傷害和常常覺得自己吃了虧，就此活在被動、依賴他人的人生裡。

當然，不是所有過分獻身的父母的孩子都能成為善良的小孩。有的孩子因為在父母的世界裡是至高無上的寶貝，因此極有可能變成一個不懂得感恩、苛求他人、不會為別人著想、以自我為中心的人。這是因為他們一直陶醉在童年的世界裡，再也沒有成長的關係。因此，他們不會將他人視為獨立存在的個體，而是當作自己的工具。最糟糕的情況是，演變成一個帶有強烈攻擊性、試圖支配和剝削他人的自戀者。

過度獻身的父母會養育出依賴他人的孩子（強迫性的獨立意識也是一種依

賴），或是過於自戀的孩子。這樣的孩子只會長出無法飛翔的殘翼，一直依賴父母。臨床心理學家托尼・亨弗瑞斯（Tony Humphreys）在《家庭心理學》（Leaving the nest）中這樣描寫了獻身的父母特徵「大多為他人獻身的父母做事謹慎小心、凡事採取被動的態度、不擅長表達自己的意見、不懂得呵護自己的內心、喜歡迎合他人，並且會反覆地確認，以及試圖隱密地煽動他人。」此外，亨弗瑞斯還指出，這樣的父母和孩子都會遇到相同的情緒和社會問題。既然如此，我們還要受困於這種令人窒息的約束嗎？

獻身會導致另一種犧牲

他人為了報答我的獻身，勢必會做出另一種犧牲。如果不斬斷這個過程，就只會像莫比烏斯帶一樣永遠循環下去。為了回報他人而犧牲自己的欲求和感情的人，會同樣希望以自己經歷的方式，或者通過向對方施壓，從他人（大多是孩子或伴侶）身上獲得補償。若希望孩子獨立自主、主宰自己人生，那麼父母必須先擁有自己的人生，這不是為了自己或孩子而做出的選擇性問題，這種二選一的固有觀念很容易演變成二分法邏輯，或是黑白邏輯。這種固有觀念只會使得自己和他人更加痛苦。因為固執的堅持己見，很難意識到中間還存在著其他的選擇。**有些選擇既是為了自己，同樣也是為了他人。先為自己著想，是一種嘗試。就好比在遇到緊急狀況時，父母自己要先戴好氧氣面罩，才能照護好身邊的孩子。**

這裡並不是說照顧孩子不重要，而是應該時刻警惕自己，在獻身的過程中是否隱藏著希望從孩子身上獲得補償的想法。希望孩子實現自己未完成的夢想、希望孩子成為自己炫耀的工具、希望通過孩子的成功展示自己的功勞、希望通過孩子來撫慰自己沒有從父母身上獲得愛的自卑感和缺失感。但隨著孩子的成長，他們很快便會意識到父母的這種心理。

如果至今為止，存在著這樣的問題，也沒有必要覺得痛苦和自責。這表示你是一個有獻身資源的人，而且從現在起把這種資源用在自己身上就可以了。把給別人的好東西，先留給自己吧。用這種能力來幫助孩子發現自我，成為守護他們夢想的契機。要相信，即使不利用控制和煽動也能做到這一切。**獲得真正的愛與關懷的孩子才會形成自愛性的人格，進而成長為自尊感高的大人。**從這方面來看，父母的角色十分重要。孩子不是父母人生的全部，更不是父母活下去的理由。我們必須牢記，孩子不是父母的附屬品，他們不過是藉由我們的身體來到這個世界的他人。

話說到此，如果你還是希望孩子按照自己的意願生活，那請一定記住一點：自己為孩子過分的犧牲，同樣的，孩子也會為這樣的父母作出犧牲。這樣做真的沒關係嗎？日後後悔也無濟於事，因為孩子已經受到了傷害。這樣的例子在電視劇裡頻繁出現，即使他們長大成人，甚至是在組建家庭以後，通過某種契機有所覺悟時，便會埋怨和責怪父母。雖然有些情況可以解決這種矛盾，但也會招致斷絕關係的極端結果。

善良的行動背後隱藏的真實感情

與其當好人來扮演「虛偽的自己」，還不如壞一點點，
只有活出「自我」，才是最自由和最幸福的。

每當聽到有人介紹自己說：「這位朋友是一個很善良的人。」智元都會覺得很開心。因為能夠為他人做出讓步，或是提供幫助，讓智元覺得自己是一個很有用的人，而且聽到稱讚也會覺得很欣慰。不久前，因為工作繁忙，她幫助了公司的同事。有一天，原本一直表示感謝的同事卻突然很生氣地對她說：「我的事自己會處理，不勞妳費心。」這好比是晴天霹靂，明明自己是出於善意想要做「善舉」，卻成了沒有考慮到對方感受和欲求的單方面行動，這反倒讓對方覺得很不舒服。雖然這不是故意為之的事，但幫助他人卻成了令對方不舒服的自私行為。智元受到這件事的打擊後，意識到自己的善意也有可能

成為對方「討厭的舉動」，於是決定從今以後不能再善良了。但她始終悶悶不樂，不明白同事為什麼生氣。那讓我們來假設一下那位同事的立場吧。

假設一：「人家幫了我這麼多次，我是不是也應該做些什麼呢？她是不是也這麼想呢？好有負擔啊。」

假設二：「每次都要人家幫忙，我可真是沒用！不能再這樣下去了，太丟人了。」

假設三：「要是部長知道了，一定會覺得我很沒用、沒有責任感。他肯定會給幫助我的同事打高分吧？馬上就要月底評估了，真教人不安。與其這樣，還不如我自己加班呢。」

聽完我提出的這些假設，智元很沮喪地說：

「的確有這樣的可能。那位同事接受幫助時，心理的確會不舒服，看來我不是真的善良，只是想聽到對方感謝和稱讚我。」

聽到別人稱讚自己善良，才會感到安心的人們

為什麼智元聽到別人稱讚自己善良時，會覺得很開心呢？因為這樣可以令她相信自己是一個人品好的人，並且受到好評時也會感到安心。但這些或許並不是全部。讓我更進一步的了解一下同事的假設和智元極有可能期盼獲得的補償心理吧。

假設一：「人家幫了我這麼多次，我是不是也應該做些什麼呢？她是不是也這麼想呢？好有負擔啊。」

智元的補償心理—有付出就要有收穫，這是人之常情。因為善良人付出的多，所以想要得到的回報自然也會多。智元幫助他人，進而想要得到回報的心態是很正常的。不管是認可，還是期待他人有所回報，這都是很正常的事。

假設二：「每次都要人家幫忙，我可真是沒用！不能再這樣下去了，太丟人了。」

智元的補償心理—當我們幫助他人時，會在無意識中感受到道德上和能力上

的優越感。善良人有著很強的完美主義英雄心理，因此智元在幫助同事時，很有可能是在確認自己的能力，以及做了善事的道德優越感。

假設三：「要是部長知道了，一定會覺得我很沒用、沒有責任感。他肯定會給幫助我的同事高分吧？馬上就要月底評分了，真教人不安。與其這樣，還不如我自己加班呢。」

智元的補償心理 ─ 當別人觀察自己時（即使只是想像），便會在不知不覺中做出道德上更有價值和對他人更有利的選擇。善良的人只不過是在壓抑著自己的慾望，當意識到有人觀察自己時，便會在無意識中受到影響。因此智元做的那些「善舉」都可以看成是做給別人看的行動。

所謂稱讚和認可的補償

幫助他人時獲得喜悅，只是表面上的感情，背後其實隱藏著希望得到稱讚和認可的補償欲求。如果更深入觀察，便會發現內心深處其實還隱藏著自以為是和想要展現優越感的自戀欲求。普遍來講，因為善良人比起自己，更敏感於他人的要求和視線，因此很多時候都會壓抑住自己的基本欲求——自戀欲求。自以為是，很有可能會招來他人的冷嘲熱諷或反感，因此會對此感到不安和恐懼。相反的，不管是有意識或是無意識，做出助人為樂的舉動不但可以令自己心滿意足，也會得到社會上的認可。

金學鎮（김학진）教授在《利他主義者的隱秘腦結構》（이타주의자의 은밀한 뇌구조）中，利用腦的結構和機能解釋了隱藏在我們內心的自我中心性。當我們做出某種選擇時，腹內側額葉和背外側前額葉便會進行計算，腹內側額葉會憑直覺計算選擇的理由和價值，背外側前額葉則會理性的分析判斷價值。書中提到了一個有趣的測試，在進行測試前，先按照傾向分成自私（自私傾向強）的人和利他（樂於助人）的人。當這些人為他人做出選擇時，通過MRI來觀察他們的大腦激活部位存在的差異。這個測試的目的在於觀察利他的人在「為他人做出的選擇」時，是否真的是在為他人著想。

結果當然是否定的。自私的人只有在計算自己的選擇價值時，腹內側額葉才會活躍起來。利他的人在為自己和他人進行選擇時，腹內側額葉都會變得很活躍。腹內側額葉是怎樣的一個區域呢？它是無意識、直觀地計算補償價值的區域，等於是「不知不覺就這樣做了」。人類只有在為自己著想時，才會「不知不覺就這樣做了」。如果「他人」介入，便會理性地、分析性地來進行計算了。

測試結果如下，利他的人即使是為他人而採取行動，但也會跟為自己一樣追求更多的補償（認可和優越感等）。

需要坦承面對欲求

我們會以好與壞作為基準來區分某種想法或行為，在二分法式的思考方式下把有利於他人和社會的行為視為好，相反的則視為壞。特別是善良的人都有著明確的自我標準，並且以這種標準付諸行動，他們認為幫助有困難的人是好，視而不見是壞。但身陷困境中的人也有可能想靠自己的力量來解決問題，並不希望有人伸出援手。又或者是，他們希望別人對自己的遭遇視而不見。換句話說，如果只用二分法來區分世界和他人，便很難看清誘發該行為的狀況或是動機，並且無法理解個人的特徵與差異。

前面介紹到利用腦科學來解釋善良的人在無意識中產生的自我中心性，這並不是要告訴大家善良的人行善舉的背後隱藏著自私的心，而是恰恰相反。自私不過是具有自我中心性的人類所擁有的自然特徵之一。**我們都是不完整的人，因此認知自己存在自私的一面才會變得輕鬆。是否了解自己在做什麼和為什麼這樣做是存在很大差異的，是否能深入了解自己的內心決定了我們是否能成熟地活出自我。**

正因為這樣，我們才有必要坦承面對自己的慾望。智元認識到自己不僅存在著想要受到他人欣賞和認可的心，還存在著自以為是的想法。僅知道這一點就可以了。但知道了又能怎樣呢？當知道了這一點以後，如果強迫自己努力「從現在起一定不要這樣」的話，反而會適得其反。過分的努力也會成為一種強迫，而且這樣的想法還會滋生出自責和失敗。承認自己「就是這種人」，外表和內心稍有不同，並不表示自己是一個差勁和卑鄙的人。我們不需要向他人展示自己的內心，也沒有這個必要。**只有承認並且接受過去不曾了解自己和不善於表達的自己，才能對自**

己有所幫助。與其當好人來扮演「虛偽的自己」，還不如壞一點點，只有活出「自我」，才是最自由和最幸福的。

你要像我愛你一樣愛我

在名為「愛」的假面背後很有可能隱藏著
自己的控制欲求和自我滿足。

二十歲出頭的宰珉自小體弱多病，他覺得父母為自己吃了很多苦，所以總是心存內疚。宰珉住院的日子比上學的時間還要久，因此可想而知父母有多辛苦了。但幸運的是，如今宰珉已經痊癒，可以過上健康的生活了，而且他很想去澳洲打工度假。他希望到廣闊的地方自食其力做些什麼，也很想下班後和朋友一起喝杯涼爽的啤酒。但父母卻很擔心，希望他最好不要去。

「現在還不行，萬一你凌晨發高燒怎麼辦？這些年，我們為了你是怎麼活過來的。」

面對還把自己當小孩，並且刺激自己罪惡感的父母，宰珉顯得很煩躁。但正如父母擔心的那樣，他也很擔心自己出現危險的狀況。在為他人過分的獻身和愛裡面，其實隱藏著目的。那就是讓對方覺得沒有我不行，進而試圖把對方拴在自己身邊。這就是所謂的「你要像我愛你一樣愛我」的依賴欲求。如果這樣的目的沒有實現，那麼「為了你，我什麼都可以做」就會突然變成「我對你那麼好！」、「你怎麼可以這樣對我」的埋怨和指責。這種心態是希望通過刺激對方的罪惡感，來實現自己隨心所欲操縱和控制對方的目的。事實上，這種控制和依賴欲求並無差別。我們過分控制對方，正是過分依賴對方的反面證據。同樣的，我們受到他人的控制也可以看成是一種依賴。這種控制和依賴是那些孤獨和脆弱的人們，想要借助他人確認愛與存在感的痛苦掙扎。

只有出讓自己的人生，才能得到愛的信念

托尼・亨弗瑞斯指出，過分獻身的父母是對自身價值心存質疑的人。在這樣的父母膝下長大的孩子，也會懷疑自己的價值。孩子會在無意識中察覺出只有出讓自己的人生給父母，才能得到他們的愛。這樣長大的孩子為了解釋父母不斷侵犯和控

制自己的人生，必須先承認自己是毫無能力的人。最後導致的結果是，孩子在失去自尊感後，會認為自己是一個存在缺陷的人。

宰珉的家人原原本本的重現了這句話。父母通過對孩子的獻身提高自身價值，只有不讓孩子離開自己的懷抱，才能繼續證明自身的價值。這種態度源自於拋棄自己的生活，只肯執著於對關係的依賴和遭遇拋棄的恐懼。具體地說，宰珉的父母害怕成為一個人、害怕變得孤獨、害怕失去力量、害怕成為沒有意義的存在。自我價值感薄弱的人會擁有很強的佔有慾，很容易起疑和不信任對方，在與父母、伴侶、愛人或朋友等重要的關係裡會表現出糾纏、執著的一面。雖然自己認為過度保護和獻身是為了對方好，但事實上，這是不肯放棄自身價值的表現。最令人感到遺憾的是，宰珉對照顧自己、應對危機和人際關係的能力缺乏信心，他不僅更加依賴於父母的獻身和過度保護，同時也增大了無力感。

「我過於獻身，以至於被人嘲笑，這太悲慘、太教人氣憤了。現在，我想幫助這樣的自己。」

這是多英一字一句講出來的話。多英說，希望自己成為一個受人尊敬的人，因此在無意間選擇了獻身的方法。當我問她，為什麼想受人尊敬時，她給出的回答是：「因為受人尊敬的人不會遭到他人的排擠。」接著她又楚楚可憐地表白道：「但我後來發現大家並不尊敬我，也不喜歡我。雖然他們表面上對我很好，但卻很瞧不起單方面獻身的我。他們也不想當壞人吧？當我看清這些以後，開始意識到自己身上存在的問題，我把自己想得太糟糕了。應該說，我覺得自己一點也不優秀。或許是為了隱藏這一點，我才想成為受人尊敬的人吧。」

恢復健康的自愛

過分的獻身是在損傷健康的自愛。因為缺乏自愛，所以希望通過其他對象來確認自己的存在感。多英也是如此。她不但擁有高學歷，而且還有一份穩定的工作。雖然她有著令人羨慕的職業，但自己卻意識不到這一點，反倒認為自己不夠優秀，進而抬不起頭來。正因為這樣，她為了守護「脆弱的自己」，所以想成為受人尊敬的人。當然，這個過程是在無意識中形成的。海因茨・寇哈特（Heinz Kohut）把「脆弱的自己」解釋為「因瑣事受傷，無法承受責難」。我們是為了保護脆弱的自己，所以需要成為好人來滿足自己。我們的身邊也經常會看到類似的情況。

像是前面提到的宰珉，很多家長扮演「好的父母」來為孩子獻身，然後以此來滿足自己。父母滿足自己最簡單的方法就是把孩子當成祭品，讓孩子在自己的控制下變成不能獨立的、專屬的附屬品，由此找回自己丟失的滿足感。夫妻和情侶之間也是如此，通過獻身成功地發揮控制對方的力量，最終獲得自我滿足。

單純地為他人犧牲和徹底地控制他人都是不可能的事，因為在名為「愛」的假面背後很有可能隱藏著自己的控制欲求和自我滿足。像這樣，帶著愛的假面擁抱他人，只會令對方透不過氣。如果剛好對方也是依賴的性格，或是沒有健康自愛，他也會同樣戴著愛的假面來滿足自己的欲求。對方「不得已」的說愛你，可這種「偽裝」的愛真的是你想要的嗎？難道你連「偽裝」的愛也想要得到嗎？這種虛假的親密感，只會掩蓋彼此之間早已出現裂痕的感情。**停止通過他人來確認自己的價值和存在感吧。把傾注在他人身上的能量用在自己身上吧。過分的依賴並不是愛，它只會讓對方變得脆弱無力。**

越忍越痛

收回自己賦予加害者的力量，
然後將這種力量用來治癒自己的傷口吧。

「感覺只有我死了，這件事才能結束。」

妍秀過著如同地獄般的每一天。雖然她知道從理性的角度來看，跟丈夫離婚是對的，但卻始終不敢付諸行動。因為她覺得就算是離了婚，丈夫也會折磨自己。丈夫既有酒精中毒又有疑心病，不久前他因施暴和自殘還被警察強行關進了精神醫院。丈夫的施暴和受害妄想症狀越來越嚴重，但問題是妍秀非常害怕跟丈夫分手。

這是很多酒精中毒者家庭裡存在的問題之一，丈夫醒酒後會連連道歉，保證自己不再犯錯，然後妻子便會放棄「無法一起生活」的想法，再次走回暴力地帶。有些人不光是承受著物理上的暴力，同時也在遭受著精神上的虐待。儘管這樣，這些人還是選擇了忍受。受害者為什麼不能擺脫加害者呢？承受痛苦的人為什麼離不開施加痛苦的人呢？

暴力與無知順從的惡性循環

既是精神科醫師也是兒童心理學家的愛麗絲．米勒（Alice Miller）在《夏娃的覺醒》（Evas erwachen.）一書中提到，這種暴力與無知的順從之所以會惡性循環，是因為家長不想孩子意識到這一點，進而把孩子教育成了「聽話的小孩」。孩子為了不惹人討厭，即，為了生存下來，所以只能選擇順從。愛麗絲還指出，以下的過程會導致這種教育的副作用。

首先，接受了傳統教育的人會把體罰和暴力看得理所當然（或是無法反抗），並且否認痛苦與屈辱。五十歲出頭的妍秀，肯定也受到了「生是婆家的人，死是婆家的鬼」的儒教文化影響，再加上她內心存在著善良人的情結。不管怎樣，否認痛苦和屈辱的思考方式都與「聽話的小孩」一樣是為了生存，但這種不健康的生存鬥爭，到頭來卻只會讓自己在感情上變成一個遲鈍的人。變得遲鈍的感情為了躲避眼前面臨的危險和恐懼，會在大腦裡建築高牆來阻斷正確的思考。阻斷正確思考的人，很難擺脫獲取新信息和落後於時代的想法。與之相反，肉體則會記得這些自己經歷過的屈辱，然後在無意識中傳給下一代。有時，我們會在自己的言行舉止中看到自己討厭的父母的行動，那些從父母身上看到、學到的習慣，很有可能也會原封不動地傳承給自己的下一代。正因為這樣，在暴力發生的當下，如果不能徹底斬斷它，便會代代相傳下去。

如果阻斷正確思考，就只會重複過去。因此為了不再重蹈覆轍，必須下定決心不再忍受暴力和虐待，但阻斷的思考方式很難做出這樣的決斷。可是除此以外，我們沒有其他的方法能阻斷暴力的代代相傳，更不要說期待對方能夠改過自新。況且，像這樣無視自己的感情和痛苦，選擇忍耐下去，只會讓孩子繼承不道德的習性。特別是處在家庭暴力下的孩子，忍讓的一方希望給孩子一個健全的家庭，但這等於是把孩子推進火堆。最好的方法是，健康的父親或母親帶著孩子重新獨立生活。

施暴之人的內心充滿憤怒，遭受暴力的人則倍感畏懼。不僅是受害者，施暴的人也同樣很可憐。愛麗絲指出，施暴的人是利用他人的悲慘來撫慰自己的悲慘。也就是說，通過讓他人痛苦，來緩解對自身的厭惡感，利用暴力和恐怖來操控他人，進而感受優越感。正因為這樣，遭受暴力的人必須醒悟，不應該畏懼加害者，他們不過是想通過虐待和剝削弱者來緩解自身的無力與悲慘。此外，受害者還需理解的一點是，加害者所說的就算逃離自己也會找遍天涯海角的威脅，也只不過是他們沉浸在憤怒、仇恨、自卑、羞恥和盲目的一種情緒發洩罷了。換句話說，他們這樣並不是兇猛野獸的咆哮，所以不要把加害者想像成瘋狂的老虎，讓自己陷在恐懼中。**收回自己賦予加害者的力量，然後將這種力量用來治癒自己的傷口吧**。此時，必須先讓深陷在絕望和痛苦中的自己逃離出來。面對真相是很困難的一件事，但你不是已經利用巨大的力量堅持過了那段艱苦的歲月嗎？這才是事情的真相。

唯有自己擁有守護自己的力量

我有力量嗎？也許你從沒想過，也許你一直在否認，但你的確擁有著這種力量，也的確愛著自己。面對不如一死了之的殘忍現實，你堅持了過來，這就是最好的證明。這就是你始終沒有放棄自己，對自己的愛與力量。此時，你只需再拿出一點勇氣，找回尚未使用的愛的力量。愛的力量是唯一不肯屈服於他人的操縱和不順從、不合理環境的力量，愛的力量是守護人生和引導自己忠於自己的感情、欲求和希望的力量，愛的力量來自於自己和正視痛苦的地方。**面對眼下自己所經歷的苦痛，坦白承認現在的自己有多痛苦、有多難過，然後用無盡的憐憫之心來緊緊擁抱自己吧。**

愛是痛苦的感受，所以可以用愛的力量和痛苦的力量做比較。「如果我原諒他，他應該會清醒過來，情況也會有所好轉」，不能像這樣把治癒的主體交給別人，也不能因為沒有解決的辦法，而不把眼前經歷的痛苦當成一回事。愛不是迴避痛苦，而是竭盡全力來擁抱痛苦。在自己的人生裡，不做辯解、不選擇逃避和不偽裝，只有正視眼下的現實，才能找回愛的力量。無可奈何的無力感和反抗只會適得其反的滋生恐懼，那不過是我們內心製造出的防禦措施罷了。

因為害怕而閉著眼睛走路，那麼每次都會在同一個地方跌倒，因此我們必須睜大眼睛看清自己所處的位置。這樣一來，也可以遇到周圍可以提供幫助的人。一定會有人願意伸出援手，只要我們肯開口求助。當使用愛的力量時，也會獲得他人給予的愛的力量。這樣便會發現，世界並沒有我們想像的那麼冷酷無情。由此一來，也可以恢復對於人與世界的信任。我們絕對不是孤苦伶仃的一個人。

第六章

受害意識的框架

～給害怕受傷的你～

受害意識，為了生存而做出的迫切防禦

受害意識嚴重的人會武裝上懷疑、不信任、警戒、防禦、慾望和強迫的盔甲。

「我常常會做出謙讓、為他人著想、犧牲和獻身。這樣的詞彙中蘊含著『給予』。不管是物質上的、時間上的、心靈上的還是靈魂，總之什麼都給了別人。有時，在對方開口索取前，我就雙手奉上了。有時，也會覺得像是被搶走了什麼東西。正因為這樣，我會覺得擁有的東西總是不夠用。我會想填補這些不夠用的空缺，但拿走了我的東西的人，卻始終沒有打算還給我的意思。這樣一來，我就會覺得『世上沒有一個可以信任的傢伙』、『世上只有我一個人』。雖然很寂寞，但因為沒有可以相信的人，所以找不到人抱怨。我的人際關係都是虛有其表，我不相信這個世界和所有人，也不相信大家對我的稱讚，那些話一定都是客套話，或是帶有目的性的。聽到這些話，我會先起疑心，時刻保持警惕。如果不時刻保持警惕，就會上當受騙，所以我不會輕易表露內心的想法。我絕對不去做那些讓人瞧不起的事情。如果遇到有人輕視或貶低我，我就會氣得晚上連覺也睡不著。似乎只有毒打這些人一頓，或是想方設法去報復他們，才能讓自己覺得舒服。但是，我從來沒有這樣做過。我離人們越來越遠，變得越來越孤單。我想過，不如把精力放在工作上。但工作必須做得完美。不光是工作，所有的事都是這樣。如果只是為了敷衍了事，那還不如什麼都不做。可是即使是這樣，世界也看不到我的努力。世界就是這麼不公平，就算我再怎麼努力也是沒有用的。我快要累死了。但到了時間，還是要起床。」

深陷嚴重的受害意識的知敏表白了自己的心聲。幼年時期，我們會從養育者，或是周圍人身上學習如何看待世界。如果最初學習到的是保護和支持自己，接觸溫暖的世界，便會形成內心的安全感。相反的，如果領悟到世界是懲罰自己且冷酷無情，便會形成受害意識。雖然很多人是因為受過極大的傷害而產生受害意識，但這並不代表所有經歷過傷害的人都會產生受害意識。產生受害意識的核心感情是無力感。對自己無能為力，或是覺得對他人無能為力時，才會產生受害意識。但問題是，自己真的是一個沒有力量的人嗎？難道不是依然把自己當成了幼年那個無能為力的小孩嗎？

被困在受害意識裡的人們

治癒課程結束後，我求得參與者們的諒解，希望把大家的事例寫進書裡。當然，書中我會使用匿名，也會改編一下內容。但其中一個平時很少講話的參與者在我話音未落的時候，便擺手強烈表示不同意了。

「我不同意。請不要寫我的事，絕對不可以寫我的事。」

當時，我一時感到惶恐，不知道他為什麼會做出如此敏感的反應。同時覺得他不信任我，所以心裡也很不是滋味。那個當下，我對他說：「知道了。我不會寫，請您放心。」然後這件事才告一段落。但事實上，他並沒有說過關於自己的事，所以也沒有什麼好以他舉例的內容。但幾天下來，那天的場面卻一直浮現在我的腦海裡，於是我思考起他的內心「他究竟有多不安，到底對人有多不信任，他到底經歷過什麼事呢……」想到這，我感到很抱歉，覺得自己沒能體諒到他的難處。記得他拒絕我時，曾經說過：「我的家庭很封閉保守，如果把我的事寫出去，所有人都會知道那是在說我。」這件事徹底暴露了他的受害意識。我覺得非常惋惜和抱歉，於是一個人自言自語了起來。下面是我的自言自語，並且結合了他的行動和心理進行了分析。

「周圍人怎麼可能都知道自己的事！」

—這就是錯覺。說得嚴重些，這就是受害妄想。

「不是，他什麼都不說，我有什麼好寫的。」

—事實上，我未能客觀的判斷自己的行動。

「別人怎麼會知道呢？」

—毫無根據的想像。

「只有自己是這種情況嗎？」

—以自我為中心，認為「那種事」不應該發生在自己身上。

「世上所有的人都在關注他嗎？」

——這是一種投射防禦機制，因為自己敏感於他人的視線，所以認為別人也在注視自己。

他覺得似乎有人監視著自己的人生。認為真的有人在監視自己，或是感覺像是被人監視，這都是因為自己在意他人的視線。這種現象在心理學上稱之為「投射」。這種受害意識讓人覺得有人會傷害自己，不由自主地感到害怕。我們周圍有很多這樣的善良人被困在受害意識裡。

為了生存

「就算生氣，覺得委屈，我也會忍到最後。然後很多時候回到家以後，才會自責，或是爆發出來。」

「如果對方沒有像我為他付出的那麼多的時候，就會覺得很受傷。」

「我會在心底詛咒對方『就像你傷害我一樣，你也會被愛著的那個人傷害』。」

如果產生受害意識，那麼連對方的呼吸和體溫、世界的提議和挑戰都會看成帶有攻擊性。因為覺得人們會折磨和傷害老實的自己。這樣一來，便會把人生裡發生負面事情的責任推卸給當下的狀況或是他人。

「這都是因為你。」

「如果遇到好的父母。」

「如果就讀更好的大學。」

「如果我能長得再漂亮些。」

為了生存，我們只能做出防禦。因此，受害意識嚴重的人會武裝上懷疑、不信任、警戒、防禦、慾望和強迫的盔甲。有時，還會用完美主義來包裝自己的自卑感和羞恥心，也會形成負面的世界觀。這樣的人不擅於表達感情，很多時候會忽略真實的感情。這樣的人寧可去死，也不願意去做傷自尊心的事，而且表達方式不夠成熟，習慣採取帶有攻擊性的防禦。

其實存在失誤、看起來不完美的人才更好相處，才更有魅力。不知道為什麼那些為了不說無聊的話而閉著嘴的人，或是為了不失誤而時刻保持緊張的人，總讓人覺得不舒服和難以相處。我們都是不完整的人。因此，我們才會覺得跟自己一樣不完整人好相處。但受害意識嚴重的人，很難接受自己的缺點、缺陷和不完整。不僅如此，他們還會把原因怪罪在殘酷的世界和粗魯的人們身上。我們應該正確地分析事態，大部分的情況其實都是我們自己的錯（我警惕他人，所以大家覺得我很難相處）。而且應該知道有時既不是我的錯，也不是別人的錯。是誰的錯不是重點，重點是自己要如何建立正確的世界觀。**不管再怎麼大聲埋怨世界，也不會有答案，我們可以做出選擇應該「如何」生活在這樣的世界裡。**

那時的我，做出的最好的選擇

放棄「自己渴望塑造的自己」，
正視並接受「現在原本的樣子」。

明宇「如果你那時候不這麼做，說不定我和惠蘭就會過上完全不同的人生。」

恩珠「什麼意思？你是說，你的不幸都怪我？都是因為我嗎？」

明宇「我不是這個意思。當然，這不能怪任何人。我們只是過著各自的人生罷了，所以妳也應該去過自己的人生。都忘了吧，不要再恨她（惠蘭）了。」

電視劇《謎霧》中，我覺得這個場面很有趣。恩珠嫉妒學生時代的朋友惠蘭，為了傷害「了不起」的惠蘭，她一邊大喊「都是因為妳」一邊展開攻擊。這一場面之所以值得思考，是因為恩珠一直掛在嘴邊的「都是因為妳」的痛苦，最後藉由明宇又重新回到了自己身上。恩珠認為自己怪罪別人是理所應當的，但卻無法忍受任何人怪罪自己。相反的，雖然明宇在與惠蘭的關係中承受著比恩珠更大的痛苦，但他並沒有自命是受害者。因此，他才能夠說出「這不能怪任何人。」面對惠蘭，恩珠有著強烈的自卑感和受害意識，她一直深信是惠蘭奪走了屬於自己的一切，所以把自己的能量都消耗在猜忌、妒忌和怨恨惠蘭身上。正因為她相信自己的不幸都是因為惠蘭，所以根本看不清現實中發生的事情，只顧著埋頭創作自己歪曲事實的劇本。

最終，恩珠通過童年的朋友明宇認知到「惠蘭做過的壞事」並不是事實，而是她自己寫的小說。得知真相的恩珠看起來再也不哀痛和委屈了，她默默地流著眼淚，漫步在黑暗的馬路上。這一幕同時讓人感受到了面對現實的人的憔悴、超脫和虛無的自由。這是電視劇裡恩珠出現的最後一個場面。雖然後面沒有提到她過著怎樣的生活，但我想她應該找回了屬於自己的人生吧？她應該放下了想要懲罰曾經給自己帶來自卑感的人的心態，然後跟自己做出了和解。其實，她早已知道了受到懲罰的那個人就是自己。

自命受害者，只會變得更不幸

如果受害意識越來越嚴重，便會演變成堅不可摧的自我認同。將自己設定為需要保護且沒有力量的受害者，然後把傷害自己的人定義為必須受到懲罰的、擁有力量的加害者，進而讓受害者的自我認同變得內在化。正因為自己是沒有力量的受害者，所以可以無視他人的批判，並且對自己的行為不負責任。

在為善良的人開設的集體治癒活動中，大家分享了自己被內在化的自我認同。一半以上的人回答說，感受最強烈的是受害者（犧牲者）的自我認同（其他則是解決問題的終結者、慰勞者和保護者的自我認同）。有的人說：「我一輩子掏心掏肺，結果到頭來卻一無所有。」還有的人說：「最討厭那些當面不敢講，只會在背後假裝了不起的人。」受害意識裡包含著缺乏和自卑的想法，這種想法勢必會在未來帶來刻骨銘心的經驗。此外，受害意識也是將自己的仇恨投射在他人身上。在反覆的愛憎關係中更能感受到這一點。

「我從小就討厭跟姊姊在一起，因為她長得跟娃娃一樣漂亮，所以人們看到姊姊都會說：『這孩子長得真漂亮啊。』但看到一旁的我卻說：『這孩子長得真善良。』我清楚地看到了大人們不知所措的樣子。說實話，我長得醜。媽媽也只給姊姊買新衣服，所以我總是穿姊姊不穿的衣服。姊姊什麼都擁有了，但她的功課不好，所以功課成了我唯一可以贏她的武器。功課不好，又很自私的姊姊嫁給了有錢人，但不久前聽說姊姊經常遭到家暴。我真的好痛苦，一方面覺得她很可憐，一方面又覺得放下了憋在心中的嫉妒。」

也許有的人會像上面舉的例子一樣，在面對自己的被害意識後感到羞愧，又或者是像電視劇裡的人物一樣，擔心會受到心靈上的譴責進而哭喪著臉。但真的沒有必要這樣做。讓我們先來做一個深呼吸。這不是你的錯，要知道，這種不成熟的想法和態度都是「那時的自己」竭盡所能做出的選擇。那時候的負面想法、行動、感情和態度等等，其實都是在保護自己免受情緒的威脅。這都是為了從失敗和遭遇拋棄的可能性中保護自己而做出的努力。因為那時的自己沒有力量去面對懦弱、自卑、怯懦和無能的自己，因此更想迴避現實。但**現在如果希望擺脫受害意識，就要放棄「自己渴望塑造的自己」，正視並接受「現在原本的樣子」。方法很簡單，只要不為難自己和他人就可以了。只要點點頭，安慰自己說一聲「辛苦了」、「受累**

了」、「唉，你也是迫於無奈」。我們可以做的只有理解那時身不由己的自己，並且安慰自己。至少從現在起不要再否認自己的脆弱，緊緊地擁抱住自己吧。我要強調的是，對於已經過去的事情，不要過於自責。為什麼？因為這樣做毫無意義。過去在一無所知的情況下做出了這樣的選擇，這都沒有關係，重要的是從現在開始要怎麼做。

擺脫受害者的身分

只有好好相處才能看到自己存在的缺點，
才能接受自己的失誤。

好傢伙／壞傢伙
美好的世界／糟糕的世界
不如作罷／忍耐下去
喜歡我的人／討厭我的人

受害意識嚴重的人會以上述的二分法進行思考，比起「原來你這麼想，所以才這樣表達」，更容易覺得「對我講這種話的人一定是在無視我」，進而受傷。正因為覺得對方傷害了自己，所以認為世界難以容身，在人際關係和生活中難以獲得安寧與自由。這樣一來，只會讓自己困在狹隘的思考框架裡，不能靈活的思考，感情也會因此而枯竭。基於這些原因，我們在與受害意識嚴重的人進行對話時，才會感到難以溝通。因為這樣的人沒有在聆聽對方講話。（雖然每個人都會有這種情況，但受害意識嚴重的人更是如此）他們只說自己想說的話，聽自己想聽的話。如果這樣與人交流，自然不會產生共鳴，對方因感受不到真心的交流，所以會覺得無聊或煩悶。**假如聽到過有人對自己說「跟你難以溝通」、「你真是有夠悶的」、「你說的話就都對嗎？」、「不是只有你一個人辛苦」，那我們就有必要認真考慮一下自己是不是存在受害意識了。**

仔細觀察受害意識的話，便會發現這不過是以自己經歷的事作為前提製造出來的框架。事實上，我們都無法對自己所做的事賦予意義，甚至覺得那都是微不足道的小事和無法感受到自豪感。導致這種結果的原因是，我們沒有那麼愛自己。因此，**若想擺脫受害者身分，就必須愛自己**。在幾乎所有涉及心靈的書籍中，以及所有心理諮商的場景裡，我們都會看到愛自己的內容。但這哪有隨口說說那麼簡單呢？讓我們來假設一下「可以做到」愛自己。既然如此困難的事情都做到了，那世上便再無難事了。這是多麼值得慶幸的一件事啊？又不是讓全世界都來愛自己，只是讓自己多愛自己一些而已。那要怎麼做才能愛自己呢？怎麼做才能擺脫受害者的身分呢？

隨心所欲，暢所欲為

首先，解開那個繫在心中的結吧。受害意識嚴重的人，內心積攢了很多想要表達的話和想法。為了不暴露自己的弱點，所以不敢吐露心聲。正因為這樣，再小的事也會不停地反覆思考，所以想法自然會越來越多。有時還會覺得「我是瘋了嗎？」一個人胡思亂想是找不出答案的。如果周圍有能聆聽自己的朋友，不妨向朋友求助。找朋友傾訴心聲，不管是講別人的閒話也好，還是詛咒這個世界，盡情地傾訴自己的心聲吧。當然，這也不是一件容易的事情。因為從來沒做過這種事，所以很難把握尺度，也會覺得這樣很丟臉。但沒關係，丟臉又能怎樣呢？就讓自己隨心所欲，暢所欲言吧。假如周圍沒有這樣的朋友，對著樹林一個人發洩也無妨。想要抒發感情，沒有比寫作更適合的了。指導寫作療癒的導師，也是我的老師朴美蘿建議以「致我恨之入骨的你」為主題，寫一封不會寄出的信。即使內容輕浮、庸俗也沒有關係，反正不會寄出這封信。在寫信的過程中，我們會發現最令自己生氣和難過的事情。寫出自己真正的想法，以及想聽到什麼樣的話。關注寫作療癒作用的心理學教授詹姆斯・佩內貝克（James W. Pennebaker）在《傾訴與健康》（Opening up：the healing power of expressing emotions）一書中提到，向關心和理解自己的人傾訴痛苦的過程，可以讓人心情舒暢。研究精神壓力的知名學者羅伯・薩波斯基（Robert M. Sapolsky）也指出，能夠傾訴自己恐懼的人的皮質醇（應對急性壓力分泌的物質）會比做不到的人越來越低。所以有話就講出來，多多傾聽自己的心聲吧。**如果連自己都不傾聽自己的話，別人更不會傾聽自己了。像這樣，正視自己埋在心底的委屈、憤怒、焦慮和難過以後，接下來就進入到擺脫受害者身分的實戰了。**

承認、面對、突破

擺脫受害者身分的第一關，就是承認自己存在受害意識。讓我們接受自己並沒有自己「想的」那麼優秀。但即使是這樣，也沒有關係。承認自己是不完美的，是不可能讓所有人喜歡的。被受害者身分束縛的人們會自己創作劇本，時刻擔心假如別人知道我是一個學歷低、很虛偽、只知道錢、膽怯或自卑的人，肯定會討厭我，或是跟我保持距離。因為不想面對和承認不爭氣的自己，所以才不敢面對困境，很多時候比起突破困境更容易選擇迴避。接受不完整的自己的過程就跟與怪物搏鬥一樣艱難，但只有擊敗怪物，才能救出困在城堡裡的公主——自己。

其次，必須停止創作這種悲劇性的劇本。深陷受害意識創作出的劇本大部分都是空想和妄想。妄想就是把有當成無，把無當成有。我們應該看到現實中發生的現象，不要固執地去相信沒有依據、憑空想像出來的東西。比如，有人覺得「不跟我打招呼的人就是在無視我的存在。」對方不跟自己打招呼的原因，如果不去問對方，根本不可能知道。說不定對方也跟自己的想法一樣，但自己還是認為那個人對待自己的態度跟別人不同，明明就是在無視自己。其他人都覺得不是那樣，都說我反應過於敏感，簡直讓人覺得快要瘋掉了。

如果這種情況反覆上演，就有必要審視一下自己的視角了。自己是不是以消極的視角看待每一件事；是不是會先尋找別人的弱點；是不是很多事情都按照喜歡和討厭來區分；是不是先在心底準備好答案，再來測試別人，我們有必要通過這些問題來了解自己的內心。為什麼自己的人生會變成悲劇、脫離現實的電視劇或是恐怖片呢？世上百分之九十九的人都是自己人生電視劇裡的主角，只不過是自己把電視劇的類型設定成了荒唐搞笑的「情境喜劇」罷了。

第三是不要相信未來的自己還會經歷過去的事情。即，不要把經驗和自己混為一談。當我們遇到心情好或是糟糕的事情時，往往會把結果本身看成是「自己」。比如，我在工作上取得了好成績，便會自命不凡覺得自己是一個「優秀的人」。相反的，如果因為自己的失誤或不足耽誤了工作，便會認為自己是一個「沒用的人」，進而厭惡自己。有限的經驗或是特定的能力，並不能看作是自己的整體和本質。這只能看作是自己擁有或缺乏某種特定領域的才能罷了，並且要能承認這一點。

人際關係也是如此。有人不喜歡自己，但這並不等是討厭自己。不能隨意判斷「大家都討厭我」，更不應該誇張地解釋為「我是一個沒有資格得到愛的人」。不管是積極的還是消極的，我們都會通過各種經驗收集關於自己和世界的資訊，只要利用這些資訊來擴大理解的範圍就可以了。換句話說，不要把這些資訊當成預言，不能以點代面、以偏概全。特別要注意的是，如果把自己和負面的經驗混為一談，便會穩固自己的負面信念，人生也會因此朝著這樣的信念去發展。

最後是找回讓給別人的主人之位。解決問題的方法不在外部，而是在自己的內心。簡單來說，我們都是順從的性格，特別是對自己覺得重要，或是有權威的人更是如此。有時甚至還會受到朋友的影響。事實上，他人並沒有對自己行使多大的影響力，而是自己賦予了他人這種力量，並且讓出了主人的位置。我們會執著於自己所沒有的東西。當察覺得不到認可時，便會執著於稱讚。同樣的，當不滿意自己時，便會執著於不滿足。認為自己吃了虧，成了受害者，便會執著於加害者。主人下達命令，奴隸便會服從。當自己憎恨或討厭某人時，便會被強烈的感情所支配，這等同於受了那個人的支配一樣。自己人生的主人之位只有一個，這是自己才能擁有的絕對領域。

雖然世界不是僅存美麗的地方，但也不是處處存在危險的地方。人生不可能事事如意，但也不可能事事不如意。不是所有人都會傷害我們，我們也會傷害別人。有時生活會一帆風順，但有時也會充滿坎坷，摔得遍體鱗傷。有時竭盡全力想解決問題，但到頭來卻會適得其反。人生就是這樣。有時會不如意，但也會有意外令自己滿意的時候。**在這樣的世界裡，讓我們好好跟自己相處吧。只有好好相處才能看**

到自己存在的缺點，才能接受自己的失誤。只有這樣，才能迎來甘露降臨的那一天。

致害怕受傷的你

最重要的事情是理解過去，通過接受過去的行為，
集中於當下，過好自己真正的人生。

「外婆，我媽是怎樣的一個小孩？」

「她是一個狠毒的臭丫頭。」

外婆像是等待這個問題已久似的，毫不猶豫地笑著回答說。雖然不知道具體原因，但我知道母親是一個凡事都要順著自己的意思才肯滿足的性格，所以也便認同了「狠毒的臭丫頭」這種說法。然後，我問了母親同樣的問題。

「我是一個怎樣的小孩？」

「妳是一個狠毒的臭丫頭。」

母親也答得毫不猶豫。為了解釋理由，母親提到了過去的事。我念國中的時候，有一天下大雪，天氣非常冷，幾個月沒進過家門的父親喝得爛醉如泥回來了。我一邊質問他有什麼資格回來，一邊把他

推到了門外。站不穩腳的父親就這樣摔倒在雪地裡。說到這，母親又重複了一遍：「妳這個狠毒的臭丫頭。」

如今，我想藉由這本書向母親表白我的心聲。

「我才不是狠毒的臭丫頭，都是妳把我養成這樣的。我為什麼會變成狠毒的臭丫頭？還不是想要得到妳的愛嗎？都是妳教我要恨爸爸，是妳在我心底埋下了憤怒。為了在妳身邊生存下去，我才去恨爸爸。可是妳怎麼能說我是一個狠毒的臭丫頭呢？」

也許母親也覺得很委屈。外婆說她是一個狠毒的臭丫頭時，她也顯露出很無語的表情。對自己的母親而言，不管是她，還是我，怎麼就成了一個狠毒的臭丫頭了呢？難道身為母親的自己不知道，將女兒變得狠毒的臭丫頭的決定性原因是來自於自己嗎？

這種情況可以用心理學用語「認同」或「內射」來解釋。即使不知道心理學理論也無妨，只要知道兩者對我們而言相當於強而有力的防禦機制就可以了。讓我們簡單來了解以下這些內容吧。

投射 projection 之前書中提到過很多次投射一詞，也通過舉例進行了說明。所謂投射是指把自己的想法、感情和欲求通過他人來表達。比如，有人覺得「H討厭我」。但事實上是，那個人自己討厭自己，或是他討厭H，但反而投射成別人在討厭自己。我們會把自己無法容忍的負面情緒投射在別人身上來看，因為這樣可以減輕內心的負擔，也因為跟別人鬥爭比跟自己鬥爭更容易。

我們再來看一個例子。K非常討厭裝腔作勢的人，但他這是把自己投射在裝腔作勢的人身上。投射通常會表現為討厭某人或是覺得不滿。此時的K很難接受自己內心的糾纏、抱怨、煩躁和依賴等的負面情緒，因此才表現在討厭綜合這些情緒又很「裝腔作勢」的人身上。別人做的那些「討人厭的行為」大都是自己努力不想「被人看穿」的行為。正因為這樣，只要認知到自己通過他人投射了什麼，便不會再指責他人，而是會對自己說：

「隱藏自己多辛苦，現在再也沒有必要這樣做了。」

內射 introjection 內射與投射是相反的概念。如果說投射是把自己的東西視為他人，那麼內射則是將他人的東西進行內在化（internalization）的行為。也就是說，只會無條件地接受他人的價值觀或行動方式，不會對其進行批判性的過濾，使其消化成為自己的東西。一般來講，父母、老師、權威人士或崇拜的人都會成為內射的對象。在我們周圍內射的例子多不勝數，像是必須善良、順從、忍耐、不能傷害別人、不能搶人風頭、不能自私、不能給人添麻煩等等。這些大部分都不是我們自己的想法，而是外部灌輸給我們的。在不知不覺間，這些灌輸進來的東西會徹底融入我們的內心，凝固成理所當然的想法和習慣性的行動。到此為止，我們看到的都是從外部灌輸的內射情況。

但即使沒有受到外部的壓力或教育，有時我們也會根據環境和經驗自己製造出內射的情況。比如，C認為如果向某人提出要求，對方會感到很為難。C從小明白，父母因患有情緒障礙的弟弟很辛苦。當然，父母並沒有要求或是強迫C做什麼，他們反倒是因為沒能像照顧弟弟一樣照顧C而內疚不已。即便是這樣，但C還是認為「我不能再讓父母受累，能幫到他們的方法就是老老實實的」。C推測出父母的這種想法，然後通過內射變成了自己原本的想法。

心地善良的C常常覺得自己很不幸。我們很容易便能猜測出理由，這是因為C長期以來一直為了別人壓抑著自己的欲求和感情。不管是從外部灌輸的，還是自己製造出來的，如果內射情況嚴重，便會受到他人想法的影響，還會為了迎合他人的期待而失去自己的欲求、感情、想法和信念。這樣一來只會離真正的自己越來越遠，更加難以與自己的內心達成協調。這樣的人能夠清楚地知道對自己重要的人想要什麼，但卻不知道自己想要什麼。在失去了自我的地方，自然不可能感到幸福。

認同 identification 認同是將對方的某一部分歸為自己所有。通過接受對方的態度、價值觀和行動等等的過程，會不知不覺地模仿起對方的行動和思考方式。因為自己非常在乎認同的對象，因此也會引起不安。一般來講，這樣的角色會由父母來充當。在孩子發育階段，父母既是孩子的援軍，也是敵軍。認同與自我認同密不可分，因此不管是積極的或是負面的，都會通過認同來將他人的自我認同變成自己的。

大家覺得內射和認同差不多嗎？事實上也是這樣的，認同和內射都屬於內在化的一部分。更進一步講，認同可以視為一種比內射更進步的防禦機制，是一種選擇性的內在化。

偷偷抹眼淚的人們

我內射了母親的想法和價值觀，把可憐的她跟自己混為一談。因此才會想方設法去滿足她的要求，自覺地尋找能令她滿意的事做。假如不能令母親滿意，我便會覺得內疚不已。內射嚴重，還會嘆息「這都是我的錯」，進而助長罪惡感和自我批評，還會做出自我傷害的行為。相反的，投射過於嚴重，便會大喊「這都是你的錯」，進而指責他人，助長自己的受害意識。善良的人常常會因為罪惡感痛苦不堪，這都是因為把自己跟某人混為一談（也包括把某人理想化，視為跟自己一樣的情況），因而受到了很大的內射影響。

在無法提供健康的環境和心理資源的「負面家庭」裡成長起來的孩子，選擇的範圍也會變小，即使表達自我也很難被大人接受，因此導致自尊感降低。這樣一來，孩子會覺得自己毫無價值，長期下去還會受困於無力感，認為「這種艱難的狀況很難改變，我是毫無希望的。」為了減輕這種不安和無力感等的心理負擔，孩子通常會與父母中的一方形成強有力的聯合。孩子越是內射父母中一方的規則和指令，越是會受到極大的影響，最終讓自己變得很難與父母分離。就像我內射了母親的規則和指令，所以一直逃不出她的手掌心一樣。

我是一個「狠毒的臭丫頭」。我想很多認識我的人也會同意這種說法。因為我想做什麼，就必須身體力行，有始有終去完成。一方面來看，這也是我引以為豪的優點。這是我與生俱來的天性，也是我的人生態度。但聽到母親說我是一個「狠毒的臭丫頭」時，心中難免會覺得委屈和難過。這不禁讓我回想起自己變成狠毒的臭丫頭的原因，也覺得有必要擺脫這種認同。

「狠毒」一詞聽起來會做何感想呢？會讓人覺得無情、冷漠和絕情，既不和藹可親也不溫柔，不管遇到多大的困難都能堅持到底實現自己的目標，但同時也不顧及周圍的人。正因為這樣，才會被周圍的人罵很自私。我兒子的爸爸會這樣說我，爺爺奶奶也會這樣覺得，說不定我兒子也會這樣想我。

但這種人越是這樣，內心越是脆弱，他們不過是把想獲得愛與照顧的能量用在取得、實現其他的目標上罷了。他們用無表情和無反應偽裝起容易受傷的軟弱內心和充滿恐懼的脆弱感情，很多人將依賴性轉變成過度的獨立性，並且十分擅長隱藏自己的內心。他們隱藏起羞恥心，假裝堅強，還會用狠心取代自卑感和憤怒。這樣的人難以表露自己的真情實感，只會裝出了不起的樣子，故作沒事，假裝生氣勃勃。正因為這樣，這類可憐的人才會偷偷地抹眼淚。外婆說母親狠毒，母親又說我狠毒，當我第一次察覺到自己和母親屬於一類人時，才理解了她的這種狠毒。母親的傷口就這樣變成了小星星，讓我覺得「當一個狠毒的臭丫頭也一定很孤獨。」

為了不讓自己痛苦，必須做出選擇

我們會等視自己和自己覺得重要的人，進而讓自己變得跟對方一樣。但有時，我們也會用與那個人相反的行動來證明彼此的「相似之處」。同樣用我的故事來舉例好了，母親跟人聊天時，總是會主導講自己的事情，不會向對方提問（即使是提問，也是提一些像「那怎麼辦？」、「那樣做嗎？」等的為了控制局面的問題）。我認為這樣的她是一個以自我為中心的人。但有一天，我突然發現，在跟大家聊天時，我幾乎不會講自己的事情。這種態度是無意識的拒絕跟母親一樣。我既想跟母親保持親密的關係，但又很害怕的原因是，當我越拉近與她的關係、越了解她的欲求時，會因此感到負擔和氣憤。最終，不想像她一樣的無意識反抗，並排擠掉我真正渴望的親密感、連結感和歸屬感。

很多孩子為了不像自己的父母而付出努力，但有時卻會在某個瞬間發現自己的舉動跟他們很像。每當這時，便會感到錯愕，也會因為尋找不到擺脫的方法而陷入絕望。有時還會很氣憤，覺得即使努力了，但還是在原地踏步。當有人對我說：「妳知道嗎？每當這時，妳都很像妳媽」的時候，我都會像挨了一拳。但有時難以否認時，反倒覺得心裡平靜了。不想跟對方一樣的強烈意圖正說明了自己正處在對方的影響力之下，因此這種意圖會成為一種執著。越是不像跟討厭的人一樣，就越是會像他。在「不想做什麼」的想法中，已經包含了那個「什麼」，因此想法不可避免地會受到影響。過分強烈的意圖，反而會使反對的力量變得更強大。正因為這樣，無需過度努力，只要忠於自己的想法盡力為之就可以了。

當然，如果我們的父母能更聰慧和成熟，是最好不過的。雖說從某種程度上講，父母也有一定的責任，但也不能把所有的錯誤都怪在他們身上。即使是這樣，也不能都看成是自己的錯。因為這是幼年且不成熟的自己，能夠做出的最好的選擇了。這不過是人生中必然會發生的「那種事」，而自己也不過是經歷了那種事罷了。無需遺忘受過傷的過去，更加沒有否定它的必要。不光是過去，現在和將來也是如此。困擾自己的那些問題仍然擺在眼前，未來也還是會繼續存在。只要不把這些問題看成是自己人生裡的絆腳石，就等於是身處治癒的狀態了。只有這樣才能變得成熟，擁有幸福的人生。我所定義的治癒，是指能夠接受諸多情況的狀態。進入這種狀態，便可以自行終止困擾自己的難題。**為了不讓自己痛苦，下定決心來擺脫認同、收起內射和投射吧。對於已經長大成人的我們而言，最重要的事情是理解過去，通過接受過去的行為，集中於當下，過好自己真正的人生。沒有比這件事更重要、更有價值、非做不可的了。**

不再做善待他人的人

邁出的第一步便是恢復自己原本的個性，
找回割讓給別人的領域。

「請妳接受原本的我吧。做不到的話，就不要再管我了。不要再對我指手畫腳，妳說什麼我都不會再聽了。妳從來沒有相信過我，不管我做什麼，妳都不滿意。算了！我的人生，我自己負責，拜託妳滾出我的人生吧！」

這是四十幾歲的上班族健熙想要對「影響自己最大的人（母親）」講的話。雖然話講得沒有頭緒，但卻大快人心。十幾歲時沒有經歷過的青春期，卻在三十幾歲找上了門。健熙突然產生了疑問「我為什麼在做這些事？我到底是為誰而活？我到底為了什麼而拚命呢？」想到這些，她感到越來越氣憤，而且漸漸變得很暴躁，待人也很刻薄。某個瞬間，她突然覺得自己很可憐、很悲慘，甚至憂鬱到想死。每當這時，她都覺得自己像一個永遠無法死去的幽靈一樣。現在，健熙正在接受心理諮商，漸漸地找回從前精明能幹、理直氣壯、開朗和有幽默感的自己。

為了活出真正的自己而轉變方向

我常常會聽人談及經歷中年青春期的事。有些人快的話，會從三十五歲開始，但大部分的人則會在四十到五十歲之間踏上「尋找自己的旅程」。此時出現的劇烈動搖稱之為青春期。青春期的關鍵詞之一正是「自我認同」，中年也是如此。中年所面對的自我認同問題，甚至會帶來無法比擬的巨大變化。因為這時遇到的自我認同問題直接關係著整個人生，乃至死亡。從神話的角度來看，這相當於是尋找自己的「英雄的旅程」。所以說，人到中年遇到「地獄般的青春期」是一個好兆頭。英雄體驗的地獄之旅，無疑是一個為了走向完整的自己而必須通過的儀式。奧德修斯、海克力斯、忒修斯、珀爾修斯和普里阿摩斯都經歷過地獄之旅。

榮格學派的精神分析專家詹姆斯・賀尼斯（James Hollis）在《還沒搞清楚我

是誰，就已經四十歲了》（The Middle Passage）一書中，把中年的「心理地震」稱之為「中間航路」。過去一直在生活中追隨別人，可是等到進入中間航路後，才開始轉變方向，才提出了疑問：「人生活到今天，拋開自己扮演的角色和成就以外，我到底算什麼呢？」然後不再以父母、社會和文化傳承的性格去生活，而是踏上了尋找自我的旅程。所以大部分踏上旅程的人都會懷揣著想要「尋找自己」、「了解自己」和「活出自己」的願望。

我也是一樣。過去為了在社會上佔據一席之地，我就像一匹戴著眼罩奔跑的賽馬一樣，在不知道自己是誰的情況下拚命馳騁。然後有一天，看著鏡子中的自己，我突然發現自己的額頭上彷彿刻著「老」和「死」這兩個字。我靜靜地看著鏡子裡的自己，當時的心情就好比電影《攻殼機動隊（1995）》中的生化人草薙素子獨自潛入夜晚的深海裡一樣，充滿了「恐懼、不安、孤獨、黑暗和少許的希望」。正如她吟誦的希望那樣「當浮出水面時，我一定會成為全新的自己」，雖然我也害怕衰老與死亡，但還是期待著能夠活出真正的自己。

懷揣這種一線希望來進行心理諮商的人們，基本可以用進入中間航路前後來區分。進入中間航路前的人們，大多會因脆弱而遇到人際關係的問題、缺乏自信心和社交經驗，以及角色混亂等困難。對這樣的人而言，必須靠提升自尊感和強化自我意識來克服困難。相反的，進入中間航路之後的人們，大多都是因為過度的自我價值感而產生不和與矛盾，進而接受心理諮商。與此同時，自我價值感強大到教人無法自拔，但有時也會因此感受到空虛和渾然無力。**此時，如果能停止投射和認同，便可以邁入尋找自我的過程。邁出的第一步便是恢復自己原本的個性，找回割讓給別人的領域。只有在這時，我們才會產生像是「我是誰」、「為什麼而活」、「生為何意，死又意味著什麼」等等的根本性話題。這種向「內」的方向轉換，最終會停止「為了別人當好人」，然後轉換成「令自己滿意的自己」。**

只有先進入中間航路，才能走上自我之路

妍才說，只有在向父母提供經濟支援的時候，才能確認到自己的存在感。身為自由職業者的妍才沒有固定的收入，但每個月還是要固定匯一定金額給父母。父母的經濟條件並不差，而且也沒有開口提出過這種要求。但妍才覺得，只有當收到錢的母親開心地稱讚自己時，才會有種「我也有人愛」的感覺。雖然妍才在工作方面

能夠發揮自己的能力，但在人際關係上，無論於公於私都缺乏自信心。她說，疏遠周圍的人已經很難過了，但過於拉近彼此關係也很辛苦。她知道自己很怯懦，心裡也很難過，但還是這麼說：

「在建立人際關係時，某種程度上的察言觀色不是理所當然的嗎？」

「妳覺得理所當然的理由是什麼呢？」

「如果不這樣做，只做自己想做的事，或是過於展示自己，大家就會離我而去。」

妍才認為「如果做自己，人們就會離開自己」。這時，她才理解了為什麼會萌生有一天「失去媽媽我該怎麼活下去」的擔心。從小妍才就覺得自己是一個不受歡迎的小孩。因為她本能地知道，對於長年臥病不起的母親來講，自己是一個負擔。性格木訥的父親低頭嘆息的時候，她也會覺得是因為自己犯了什麼錯。「小妍才」擔心如果母親就這樣死掉，說不定父親會把自己送去孤兒院。母親沒有死，自己也沒有被送走。她覺得不管是過去還是現在，能守護自己的人，只有母親一個人。妍才四十多歲了，但絲毫沒有想要結婚的想法，而且也不太懂得談戀愛。

有時，當我們過度缺乏之時，便會希望通過他人的人生獲得自己無法解決的東西。這種事情通常會發生在非常親密的關係裡，比如，家人或情侶之間。妍才正是因為沒有從父母身上獲得愛、信任和安全感，所以才想要通過獻身來讓自己的存在合理化。我認為，妍才給父母的那筆錢，是一筆為了補償童年感受到恐懼和絕望的自己的精神賠償金，也是為了反省無意識下對父母產生怨恨和憤怒的罰金。

不管這是自我安慰也好，還是為了消除罪惡感也罷，如今的妍才能夠相信自己可以走上自我之路了。因為她已經調轉方向進入「自己」的中間航路。由於真實在引導自己，所以一旦進入到「朝向自我的航路」後，便很難再調轉方向。希望踏上此路的人們把自己交給幸運的洪流，順其自然地隨之流淌。

帶著負面情緒生活是在浪費時間

在養育孩子的過程中，有時我會想「我不聽話的時候，我的父母會有多生氣和難過呢？」。相反的，有時也會難以理解自己的父母，心想「面對這樣的孩子，他們怎麼能做出這種事呢？」以我的情況來看，這兩種心態總是會反覆出現。正是因為這樣，如今我也明白了那些想法沒有多大的用處，束縛於父母便等於是一種執著。我理解到，這種執著對於過「自己真正的人生」毫無幫助。所以我才不會勉強自己去做那些令自己耿耿於懷的事。

很多過了四、五十歲的大人還在怨恨、抱怨，或是誠惶誠恐地害怕父母，因為他們還像孩子一樣賦予著父母如同道德君子，或是魔術師般的巨大力量。即便如此，他們也會認為父母對自己的期待過於卑怯和不公平。但換一種角度來看，這也許可以看成我們對父母的期待，我們內心期待著父母要符合自己理想中「完美」的形象。所謂完美的父母形象，是要無條件地愛自己，絕對站在自己這一邊，毫無保留地為自己做出犧牲。仔細想想，其實自己對父母的要求更多。我們會抱怨為什麼父母不能成熟些，為什麼不能照顧自己，為什麼什麼事都要麻煩孩子。我們的不滿足，正是源自於對父母的要求。不管是因為環境，還是個人的性格，對於不成熟的、已經年邁的和只為自己著想的父母，我們最好也不要抱有太大的期待。

肯定會有人反駁這句話。雖然我們的腦袋可以理解這句話，但在內心深處還是會期待父母能夠給予安慰和理解。或者相反的，一怒之下想放棄所有的一切。這種感情和欲求本身並沒有錯，需要強調的是，即使是負面的情緒和欲求，但產生感情和欲求本身並沒有錯。要搞清楚一點，如果一直停留在埋怨和怨恨裡，吃虧的人只會是自己。為了不跟母親（或者其他人）分離，把臍帶一直纏在自己的脖子上拚命做出掙扎，最終只會讓臍帶勒緊自己的脖子。中年以後，必須追求自己的人生，好為迎接無悔的死亡做準備。緊緊抓著臍帶不放，只會浪費剩餘的時間。

即使不能徹底地理解他人，但也可以去愛他人。我們就像必須要擁有愛的憑證一樣，總是強迫自己必須徹底理解對方。就算是討厭或憎恨父母，我們也可以愛他們。這就是愛與恨的感情。這樣講不是強迫大家努力去愛自己憎惡的父母，就算不愛也沒有關係。只是提醒大家，當自己束縛於某種強烈的感情時，也要接受和看清其他的可能性。在進行心理諮商時，我經常會遇到這種情況，很多人怨恨自己的父母，但當他們醒悟到自己是愛著他們，並且接受這種愛的時候，都會感到很困惑，內心感到難過的同時也會覺得很輕鬆。不是說只有當憎惡和怨恨消失後，才能去愛。我們的內心存在著對生命單純的愛與憐憫。因為生活是艱難的，難免會遇到委屈和憤怒的事情，所以我們很有可能沒有注意到自己得到的和已經擁有的。希望大家不要坐在溫暖的坐墊，只顧努力去磨那把鋒利冰冷的刀。

第七章

放下完美主義

～ 無需太努力 ～

我也可能傷害別人

與其戴著「優秀的人」的假面辛苦地活著，
不如做一個「普通人」活得更輕鬆自然。

敏京打電話給我說無法再參與目前正在進行的活動了。我問她原因，她遲疑了半天，才說是因為覺得我無視了她。瞬間，我目瞪口呆，然後小心翼翼地詢問是哪些具體的態度和言行讓她產生了這樣的感受。她舉了幾個例子。我對其中一件令她感到不舒服的事道了歉。但其餘幾件事，都是敏京誤會了我。她認為我在心底對她有成見，但我解釋說自己根本沒有任何的意圖。敏京說，這都是因為曾經受過傷，所以才會過度敏感，最後還跟我道了歉。雖然我們的誤會消除，事情也圓滿的解決了，但幾天來我心裡還是很不舒服。

承認「脆弱」的勇氣

即使我沒有惡意，但對方已經受到了傷害，我的心裡也會很難受。很久以前，我也有過類似的經驗，所以才會覺得很對不起對方，同時也很自責「怎麼我也會犯下這種錯誤」。當聽到對方說，因為我而受傷時，我也會受到傷害。對我來講，這件事成了審視自我的一個寶貴的機會。為了儘可能正視自己，我拿出治癒筆記本寫下了事情的經過。當沉重的感情得到了紓解後，我整理出以下幾個想法。

第一，我對罪惡感很脆弱。

第二，要承認自己的不足和錯誤。

第三，我做的所有事不可能盡善盡美，未來也是如此。

第四，所有人不可能都喜歡我、感激我的善意。

第五，我自由奔放的性格和待人接物的態度，不可能讓所有人都接受，總會有人因此受傷，所以我應該接受自己的本性和個性，並且要具備靈活的辨別能力和機智的態度。

第六，沒有必要因為與他人之間的投射而受傷。我們都會通過他人看清自己的內心，以他人為鑑，不要責怪別人或是自責。

通過學習心理學，我理解到「即使不優秀也沒有關係」，而且心胸也比過去更寬廣，接受事物的能力也提高了。但我還是會被罪惡感和自卑感這樣的小石子絆倒。不過即使是像從前一樣絆倒，我也不會怨天尤人把錯怪在別人身上。我會努力正視自己、小石子和眼前發生的一切。原本就在那裡的小石子又有什麼錯呢？倒不如好好觀察一下小石子周圍的地形和石塊的性質，看看周圍是否有水坑，是否可以一腳踢開，或是那塊石頭上長滿了青苔，自己會不會因此而滑倒。

從小到大，我周圍會有很多朋友。念書時功課好，工作以後也得到很多人的認可，所以像我這樣的人很容易得一種「自以為是的病」。但這種病有別於外表，內心充滿了自卑感。當覺得自己沒有達到家人的期待，便會因此產生嚴重的羞恥心。為了不讓人發現自己的這種「弱點」，所以無論是在人格上，還是在能力上，都會竭盡所能去努力。正如大多數完美主義的起源一樣，我從小也只在取得的成果和「善良的行動」上獲得肯定的評價。所以順其自然的在長大成人以後也只會追求這些，很難去擁抱自己的極限、脆弱和恐懼。與我的這種自卑感相匹配的優越欲望，可以用阿德勒（Alfred Adler）的理論來解釋。

心甘情願與迫於無奈在行動上的差異

阿德勒說，人類會以童年從父母或學校等外部世界獲得的印象製造出自己的世界，然後以此為基礎設定自己人生的目標、生活的型態和性格。假如身處惡劣的成長環境，那麼在成長的過程中便會形成對於人生的負面印象和自卑感。因為羞恥心使然，才會覺得自己本身很自卑。像這樣束縛於自卑感和羞恥心的人，會為了消除這種感情引發的緊張和挫折，而去追求優越感，由此形成漸漸無法容忍失誤、失敗的刻板態度。更加悲劇的情況是，將自己的人生目標設定為必須藉由他人來確認自己的優勢和優越感。

繼阿德勒之後，讓我們借助卡倫・荷妮（Karen Horney）的精神分析理論，更進一步的來了解一下因完美主義而引發的痛苦吧。阿德勒和荷妮都是研究新佛洛伊德主義的主要代表人物，阿德勒理論中心的「追求優越感」與荷妮理論中心的「自我理想化（self-idealization）」概念，可以幫助我們說明和理解完美主義。完美主義是一種神經症。但這裡的神經症並不是指病理上的疾病，而是卡爾・榮格口中的「尚未發現自身意義的痛苦靈魂」。

荷妮在《神經症與人的成長》（Neurosis and Human Growth: The Struggle Toward Self-Realization）中舉了一個認為「如果不能在班裡拿第一，還不如當瞎子的、充滿了野心的十一歲少年」的例子。她藉由這個例子勸告我們，應該懷疑自己是否成了光榮祭壇上的犧牲品。荷妮把神經症解釋為「既是放棄真正的自我，追求理想自我的過程。也是追求理想，試圖將虛假自我現實化的過程」。換而言之，這是一種現實中的自己（real self）與理想中的自己（ideal self）之間的背離。她還指出，所有的現代人都擁有某種程度的神經症。所有的神經症都是建立在不以事實為根據，僅憑理想製造出自我形象，並在執著過程中產生的。為了從痛苦且難以承受的喪失感、不安感、自卑感和孤立感中解脫出來，才會試圖實現自我理想化。

這種自我理想化只會帶來追求榮耀的結果。為了在現實中實現理想，進而追求完美、改造自己。遵循社會所要求的，或是自己製造的責任和禁忌的體制。因此，如果失敗，必然會產生罪惡感。就這樣，埋沒在「追求榮耀探尋」中的人們比起面對擔憂和矛盾，更容易選擇逃避。即，為了不讓自己產生罪惡感和不遭受他人的拒絕，在忽略自己感情的情況下生活。

荷妮利用自發性與強迫性之間的差異解釋了這種神經症的過程。這是「心甘情願」與「（為了躲避危險）迫於無奈」之間的差異。就算想要變得完美是「心甘情願」的選擇，但只追求榮耀的話，不知不覺便會把自己逼到「沒辦法，只好去做」的境地。當事情不如意時，便會感到不安。因此，我們必須要能區分什麼事是自己願意去做的和按照需要必須去做的。

我搞的活動沒有令參與者滿意，反而還有人因我受到了傷害。我覺得這件事損傷了自己的人格。這種想法正是來自於我的完美主義傾向，因為「優秀的我」出現了裂痕。當自己的用處、價值、能力和卓越得到了世界的認可時，自己的認可欲求才會得到滿足，進而產生自信心。但當無法證明這些，或是遭遇貶低自我價值的情況時，便會出現自我矛盾和懷疑，進而急於尋找其他的東西來取代。既然如此，那麼要如何從這種完美主義導致的自卑感（或是因自卑感而產生的完美主義）和理想化中拯救出自己呢？

儘量對自己誠實一點吧

我使用的方法是，讓「現實的我」向「自己期盼的我」坦率地講出自己的不足之處和內心的陰影。比如，「我會希望得到權威人士的賞識；遇到比我優秀且特別的人時，我會感到洩氣；看到能力不如我的人取得成就時，我會心生嫉妒」等等。像這樣，儘量對自己誠實。也許對自己誠實要比對別人誠實更難。我們寧願對自己寬宏大量，覺得欺瞞自己更容易、更安全，不肯認清自己的現實狀況，所以難以對自己誠實。但是，即使對自己說謊，也是無法真正欺瞞自己的。正因為這樣，在既不使用欺騙手段的情況下，又想躲避不願承認的現實時，就必須對自己進行高難度的自我催眠和自欺欺人。比如，「我不是為了得到別人的賞識，只是想發揮自己的能力；我不是不想吃虧，只是在正視殘酷的現實；我沒有氣餒，只是有些羨慕而已。」這種自己欺騙自己的行為肯定會被揭穿，而且很有可能引發神精症等的副作用。但是，一旦下定決心對自己誠實，並且承諾不會懲罰自己，那麼在做出任何選擇時，也就沒有必要枉費心思將事情合理化，對自己解釋為什麼會那樣做了。這樣一來，不僅可以獲得自由，也會變得無所畏懼，從不安中獲得守護自己的膽量。

第二種方法是「謙虛」。謙虛在辭典中的意義是「尊重他人，不誇大自己的態度。」這樣的謙虛不要只用在別人身上，不如也用在存在完美主義傾向的自己身上吧。不僅對別人謙虛，也對自己謙虛。即，坦蕩地承認自己存在的極限。不要再朝著優越感的方向奔跑，停止渴望他人認可的腳步，靜靜地審視自己吧。你會發現曾經以為是老虎，或是期望成為老虎的自己，其實只是一隻鹿。但沒有鹿會因為自己不是老虎而感到羞愧。老虎有老虎的人生，鹿有鹿的生活。即使自己不是期待中「優秀的」人也沒關係，時而失誤、時而失敗也沒有關係。**要知道自己也是一個在不知不覺中可能會給別人帶來傷害的人。與其戴著「優秀的人」的假面辛苦地活著，不如做一個「普通人」活得更輕鬆自然。接受原本的自己，才是尊重自己、愛惜自己。**

如果覺得特別委屈，那是因為太努力了

※

控制自己的感情和欲求，等於是丟失了自己人生的自發性。
失去自發性的人生，便不是自由的人生，只會活得勞神費力。

很多善良的人會把「他人」的視線和評價當成基準。假如世上只有自己一個人，那當好人做什麼呢？正因為我們不能獨自生活，所以心中多少存在著「他人」的空間。只是空間的大小和影響力不同罷了。因此，我們和他人之間必然會互相產生正面或是負面的影響。

但善良的好人似乎會把給別人造成負面的影響當成一種災難，進而不管做什麼都會畏手畏腳。因為他們的思考方式是「不能給別人添麻煩」。沒有人會故意給對方製造負面的影響，造成這樣的結果，其實本人也無從得知，但還是會自責太不成熟了。為了避免這樣的結果，我們會使出渾身解數來預防這些偶然、無知和失誤。為了避免挨罵、排擠和拋棄，而去追求稱讚、認可和尊敬。完美主義正是藉由這種思想和意志的空襲鑽進了我們的內心。

完美主義來自於認可的欲求。追求完美的心，表面上看是為了滿足自己，但事實上是在竭盡全力去博取他人的歡心和認可。「我不是為了獲得他人的認可，而是單純地想要滿足自己。」如果想要為自己做出這種辯解，必須懷疑一下這是不是也是一種「病」。不在乎他人的視線和評價，僅以自己制訂的標準來追求完美，那這就要當成強迫症的病理現象看待了。這種病理性的強迫會約束「自己」，反而不存在「他人」，因為他們只生活在自己的規則、秩序和世界裡。相反的，我們所說的完美主義則與精神官能症（神經症）相似。當他人介入自己的內心時，存在於自己內心的「他人」便會監視、控制和折磨「自己」。

因為過於完美而感到委屈的人們

徐妍是一個四十多歲的職場媽媽。從事金融行業的她，在職場獲得了能力的認可，步步高升。她說：「我付出了比男人多十倍的努力。」不光是培養自己的業務能力，她為了不輸給別人，公司的任何聚餐都會參加，而且也會喝很多的酒。身為讀國小和國中的孩子的母親，學校的活動也從未缺席過。因為跟公婆一起生活，所以她要在物質和精神兩方面努力，希望成為優秀的媳婦。

浩沅討厭請人幫忙或是哀求別人。原因有兩點，一是認為接受別人的幫助等於是承認了自己的自卑感，所以很傷自尊心；二是不相信別人做事。即使家人或同事肯幫忙，他也會擺手拒絕。哪怕是再累，他也覺得不如親自處理心裡更踏實。就這樣浩沅不肯請他人幫忙，不願把小事交給別人處理，更不懂得拒絕他人的請求，所以一直處在忙碌的狀態無法好好休息。

我們周圍有很多像徐妍和沅浩這樣的完美主義者，他們都為自己設定了過高的基準，並且不肯辜負別人的期望。他們不僅會為了不聽到別人的批評而努力做事、不肯麻煩別人，還會抱有必須滿足所有人期待的英雄主義式想法，甚至還覺得為了父母和孩子犧牲自己是理所當然的事情，進而過著殉教者般的生活。**我從沒見過一個這樣的完美主義者是幸福的，他們通常會在對方提出索取以前，主動給予，然後等到沒有得到相應的回報時，覺得難受和委屈。**這是很自然的心態。我們都會為了不遭受批評，為了滿足別人而犧牲自己的真情實感和欲求來追求完美。正因為這樣，當別人不理解自己時，才會覺得內心空虛和委屈。**如果覺得自己特別委屈，不妨回想一下是不是自己太努力生活了。控制自己的感情和欲求，等於是丟失了自己人生的自發性。失去自發性的人生，便不是自由的人生，只會活得勞神費力。**

人在生活中難免會犯錯

「完美主義的好人」會因為別人不知道，或是不曾察覺的小錯誤和不足而神經緊繃，擔心自己對身邊的人照顧不周，而一直觀察別人的眼色。就連最親近的人也會時刻保持警惕，生怕被人指責。正因為時刻處於緊張的狀態，所以才會累積下壓力。但儘管如此，這樣的人也不會給別人添麻煩，做令人失望的事，並且依然會竭盡全力地去滿足他人的期待。

追求完美的目標是不可能的，因為目標本身是不可能現實的。正如序言中提到的，只要我們與他人生活在一起，就會互相受到影響。很遺憾的是，正是出於這種原因，我們才會在不知不覺中傷害別人。如果仍然無法放下完美主義，那就來問自己以下兩個問題吧。

○是不是希望自己不犯任何錯誤呢？

○是不是希望所有人喜歡自己，並且想得到所有人的認可呢？

這兩個問題的答案應該都是「NO」。既然神都無法滿足我們，我們又怎麼能完美地滿足自己和他人呢？生活中，我們不可能不犯錯。反過來想一想，有時自己不經意的一句話，或是一個舉動，也會給人留下好的印象，或是幫助到別人。既然如此，那肯定也會有相反的情況。自己無意識中的言行舉動會傷害到對方，微不足道的小事也有可能令對方不高興，或是引起誤會。

對於自己做的事情，以及行動帶來的結果，應當放下不得存在失誤和瑕疵的想法。即便是在竭盡所能後仍沒有得到滿意的結果，也要承認自己已經盡力了。不要誤會盡力一詞，盡力不代表做到最好，而是「竭盡自己所能」。只有完美才能得到認可的信念，對實現自我滿足和建立健康的人際關係毫無幫助。因為這種信念不會成為生活中的自發性，而是會成為一種害怕因為失敗而無法得到認可和愛的動機。恐懼可以促使我們採取行動，但絕不會帶給我們幸福。

每個人都會遭遇不幸

※

不管是自己的，還是他人的，如果我們可以把弱點看作自己的一部分來接納，生活也會變得更加舒適。

十幾年前，自從母親罹患卵巢癌後，我也自然而然地過上了「醫院生活」。後來為了舉辦一個名為「墨井（2011～2013）」的肖像照片展，陸續採訪了很多罹患癌症的患者。準備活動期間，我接觸了很多痛苦的人們。我發現，我和他們一樣都懷揣著「自己不可能遭遇不幸」的想法。當了解到他們的委屈以後，我突然產生了這樣的想法。

「為什麼我不能遭遇不幸呢？」

世上沒有「必然之事」，有些事可以是這樣，也可以是那樣。有些事可以按照自己的想法去做，但有些事則不能。這種想法並不等同於虛無主義，或是厭世的態度。活在這個世界上的我們，如果按部就班，遵循必然而生活，那豈不是很無聊嗎？正因為能夠接受變化無常，所以生活的模樣、顏色和方式才會變得豐富多彩，因此我覺得這與虛無和厭世相差甚遠。堅持「我的人生必須這樣」就等於是選擇了一條狹窄的路去走。認為我的人生、工作和建立的人際關係「必須這樣」，不僅會走上一條狹窄的路，總有一天還會產生職場疲勞症候群。身負重擔走在狹窄的小路上，自然是一件辛苦的事。這樣的人比起自然而然地努力生活，更像是把自己關進了義務和強迫的監獄裡，然後根據自己制訂的法典不斷地對自己求刑和判決。

讓我們在生活中努力去實現願望吧。但以世事多變的心態去努力和必須按部就班的心態去努力，兩者存在著極大的差異。針對結果帶來的滿足感、成就感和幸福感也存在著程度上的差異。以世事多變的心態去努力，在實現願望時，便會感受到成就感，進而懂得去感激。即使是遇到不好的結果，也能虛心接受，並且重新計畫之後的事。但是，如果以「必須實現目標」的心態一意孤行，即使是達到了目標，也很難滿足於自己的努力和成績，更不要講獲得自信心了。在這種情況下，如果「必須做到最好」的想法過於強烈，便會把他人的指點和客觀評價視為指責，然後令自己痛苦不已。而且因為把結果當成了「必須實現的目標」，所以無法感受到自豪和喜悅，只會顧著彌補失誤和填補不足。

每個人都有自己的極限

被困在塔耳塔洛斯（希臘神話中位於地獄最深處的江）的坦達羅斯忍受著饑渴的折磨。坦達羅斯偷飲了眾神的仙饌密酒，還洩露了眾神的秘密。坦達羅斯漸漸貪圖起與眾神平等的地位，甚至還把自己的兒子珀羅普斯殺來宴請眾神，以此考驗眾神的能力。最終坦達羅斯被打入了地獄，當他口渴想喝水時，水就會退去；肚子餓想吃果子時，樹枝就會抬高，永遠地忍受饑渴。不僅如此，他的肩膀上還壓著一塊巨石，因此永遠只能處在如同滔滔不絕的江水般的恐懼之中。

坦達羅斯最大的錯誤是萌生了與神同等的想法。「這樣就可以做到了」或是「做到這種程度就可以了」的想法，使得我們超越了人類的能力範圍。我們都知道只要不斷去努力就能實現目標。如果沒有實現目標，便會認為自己不夠迫切、沒有盡全力。甚至還會覺得，如果沒有以懇切的心態竭盡所能去努力，受到指責也是理所當然的事。但這難道不是傲慢且暴力的強迫行為嗎？

「連這都做不好嗎？」

「不管做什麼都要竭盡全力，分出勝負。」

「如果那道題沒錯就能拿滿分了，你要再努力一下。」

「你說努力了，我看還差得遠呢。」

卡倫·荷妮指出，報復性勝利的慾望作為遭遇蔑視的補償只會越來越強。因為覺得自己很脆弱、可憐，所以會想方設法通過任何的形式來感受優越感。像這樣，對於優越感的欲求越強烈，越會增強競爭意識，進而更容易患上神經症。

每個人都有自己的極限，而且極限的種類因人而異。相反的，每個人也有自己的卓越性，而且也各不相同。因此，如果是自己不擅長的領域，不管怎麼努力都有可能無法取得成果。反過來，如果是自己擅長的領域，哪怕是稍稍付出努力也會取得成功。所以說，**如果對自己不了解，只是一味地相信「沒有做不到的事」，那便等於是自我懲罰，跟坦達羅斯一樣永遠都要忍受飢渴的折磨了。**

所謂只要努力就會成功的沼澤

相信只要努力就會成功的想法，阻止了人生帶給我們的意外驚喜。覺得是自己運氣好，所以發生了好事，但因為這不是靠自己的努力，所以開心不起來。與此同時，還會勒緊緊張和不安的繩子。但問題是，這樣的人會以同樣的視角看待別人的幸運，認為別人不經努力取得成果，進而羨慕和嫉妒他人。人生有時收穫會比付出多，所以自然也會有收穫不及付出努力多的時候。

與只要努力就會成功的想法相反，還有一種想法是乾脆不努力。就像寧缺勿濫All or Nothing的思考方式一樣，要做就做到最好，不然就不要做。為了避免「一事無成」的悲哀和恐懼，會努力讓自己在所有事上不失誤。如果做不到這一點，就會覺得自己很沒用，自尊心受挫，產生挫敗感。如果不能完美地達到自己的目的，就斷定那是失敗。因此，這樣的人在經歷失敗後，很難鼓起勇氣重新接受新的挑戰。與其讓別人否定和批判自己，不如自己來低估自己。因為害怕做不好，還會自欺欺人地覺得「也不是什麼大事，不做也罷」。如果不能做到完美，乾脆不去嘗試；如果關係無法按照自己的期待發展，乾脆就斷絕關係；如果不能遇到欣賞的人，乾脆放棄與他人接觸。這樣的人無視了「普通」和「中間」，等於是在兩個極端走鋼絲。

我們都是存在弱點的人。但很多人既想掩飾自己的不足和弱點，同時也想指責和改正別人的弱點。**不管是自己的，還是他人的，如果我們可以把弱點看作自己的一部分來接納，生活也會變得更加舒適。**「必須做到」的想法是來自脆弱人類心裡的不安和恐懼，它反而會讓人變得傲慢，導致更矛盾的結果。世上沒有必須該做到的事，也沒有不應該發生在自己人生裡的事。相反的，也沒有一定會出現在自己人生裡的事。

「我這是造了什麼孽啊！」

「別人都過得好好的，為什麼只有我……」

「怎麼可以這樣對我？」

「為什麼偏偏是我？」

這是身陷不幸（或是認為自己不幸）的人們發出的呻吟和鬱憤，其中融入了他們以自我為中心的想法。所謂不幸，是自己在無意識中認為應當迴避的，且自己不可遭遇的事。為什麼我不能不幸呢？任何人都有可能遭遇不幸啊。

首先不要冷落自己

在對別人負責任和盡義務以前，
應該把自己人生的獨立性和自發性放在首位。

「一天三次吧！哪有人一天大便六次的！」

電影《邊山》中，善美正在照護生病的父親，幫他處理大小便。當父親弓著身體說：「我大便了」的時候，善美忍耐的保險絲徹底斷了線。其實，善美是一個心地善良且懂事的孩子。至今為止，她不僅細心照顧父親，出於惻隱之心還會幫忙照顧隔壁床的病人。可以說，善美是一個「善良的女兒」。為什麼這樣的她會在幫父親處理大小便時，突然不耐煩呢？善美擺著臭臉，用地道的方言表達不滿的場面令我感到痛快不已。

之後沒多久，雖然沒有像善美那樣火山爆發，但我也顯露出自己的「冒失」。

「媽，我吃飯的時候，妳不要再提大便的事了。」

瞬間，我那命中註定要做的「孝女」光譜出現了裂痕。由於抗癌藥物的副作用，母親正因腸麻痺（腸子無法活動，粘連在了一起）而痛苦不已，所以我們聊的話題都是關於痛症、便秘、該吃什麼和不該吃什麼。正因為這樣，大便自然而然的成了日常生活中一個很重要的話題。但母親卻開著廁所的門大便，還不分場合的提起大便的事。其實，我不喜歡她開著門上廁所，也很討厭她吃飯的時候聊起大便的事。但轉念一想，她正在生病，所以只能忍下來。沒想到的是，那天我下意識地講出了自己的不滿。聽到我提出這種要求，母親一句話也沒說，看到她心裡很不是滋味，我也感到十分內疚。但即便是這樣，我還是覺得自己做對了。如果我不這樣做，早晚有一天也會像善美那樣火山爆發，或是跑去漢江做出極端的選擇。假如我一直壓抑自己的感情和欲求，扮演好女兒的角色，凡事順從母親，肯定會發生以下這些事。

—堅持包容母親訴苦的問題（完美女兒情結，善良人情結）。

—擔心如果提出要求，母親會不喜歡或是難過，所以不表露自己的欲求。當出現負面情緒時，選擇迴避。

—但我依然很討厭在吃飯時聽到詳細描述大便的事，而且產生了比之前更強的的抗拒心理（因為迴避會誘導更強烈的想法和感情）。

—隨著負面情緒越來越強烈，也會對未能遵守包容母親的承諾而自責。

—自責未能分擔母親的痛苦和未能掩飾自己的不滿。

—越是自責，越是會迴避感受到內疚的狀況。

—覺得越來越難以跟母親一起用餐。

—對一起用餐感到不安，因此會一再迴避一起用餐。

—隨著與母親的距離變得疏遠，罪惡感也加重了。

—不光是罪惡感，由於壓抑自己的感情和欲求，因此加重了憤怒和受害情結。

—在經歷這些過程時，我會被自己疏遠，人生被流放。

為了避免眼下的內疚和不愉快而選擇忍耐，表面看起來似乎沒有矛盾，但從長遠來看這種對策並沒有效果。控制和壓抑感情和欲求，只會促使它們獲得爆發性的力量。屆時，為了阻止這種爆發性的力量，便需要更強的自我控制。這樣的過程終究會帶來痛苦和折磨。不光是對自己，對人際關係和社會也毫無幫助。因此，我放棄成為完美的、容忍的監護人。我換掉了那扇母親可以隨時進出我內心極限的「自動門」，取而代之換了一扇「需要手動開關的門」。對我而言，這是理所當然的事，而且為了我們的關係這也是一個正確的選擇。有時這樣做也會讓身邊的人失望和受傷，但任何關係都必然會存在矛盾。如果存在，也只是存在於單方面的或者壓迫性的關係。

希臘神話中的普羅克魯斯強迫過往的行人躺在一張鐵床上，如果那個人的身高不及那張床，便會拉長他的身體使其符合床的長度；如果身高超出那張床，便會斬斷多餘的部分。這個有名的「普羅克魯斯之床」的故事，象徵性的描寫出了那些按照自己的標準來操縱他人的邪惡。我們來套用一下這個故事，假如我們的內心存在一個犯下惡行的普羅克魯斯？

最終，那張「必須合適」的普羅克魯斯之床會成為囚禁我們的框架。躺在床上，是頭和腳正好符合床的長度舒服呢？還是留有一些空餘的空間舒服呢？當然是不管怎麼躺都可以躺下、留有足夠的空餘空間的床最舒服了。這就是適中和模凌兩可的美德和自由。

你需要的是絕對溫柔的愛人、絕對合拍的配偶、絕對完美的父母，以及成為做事完美的員工嗎？你夢想的是徹底的理解、溝通和人際關係嗎？這種絕對和徹底是指不多也不少，剛剛好的狀態。試想一下，一杯水在稍稍沒有填滿的狀態下，才容易拿起來和喝到水。不多也不少的完美狀態只會令我們痛苦。在無菌、絕對乾淨的環境下，我們會失去免疫力，甚至難以維持生命，就像沒有人能活著逃出普羅克魯斯之床一樣。

獨立性和自發性應放在人生的首位

我們不可能對他人盡善盡美，也不可能一直滿足對方的願望。因此，我們在下意識中也會傷害別人。我也是一樣。正因為無法得到全世界所有人的愛和認可，所以才會經歷失望和挫折。有時，比起做自己想做的事，我們更像是為了避免發生什麼而活，就像把不可能的事變得可能的生存遊戲一樣。我們依靠的牆本來就是傾斜的，但卻用盡渾身力氣想要扶正它。完美的水平和垂直只有十字架而已，就連地球也是傾斜二十三點五度在旋轉。

當別人提出要求時，不管是自己可以做到的，還是不願去做的，我們內心是不是都有「必須去做」的想法呢？雖然我們的內心深處很想與父母分離，去過自己的人生，但另一方面是否又在說服自己身為子女理所當然應該守在他們身邊盡孝呢？換作父母的立場，雖然應該讓長大的孩子獨立，但是否以「他還是個學生」、「孩子收入不高」、「等他結婚的時候」等藉口挽留著孩子呢？這都是按照社會的規則和習俗來設定自己的角色，把自己放入框架之中。從心理學的角度看，原因都是來自罪惡感、補償心理和依賴欲求。在扮演角色以前，自己的心境最為重要。如果比起自己的現實處境和心理狀況更在意扮演的角色，那只是要面子、做作和假面的遊戲而已。因此，情況不允許的話，就要靈活考慮扮演的角色。此外，**在對別人負責任和盡義務以前，應該把自己人生的獨立性和自發性放在首位。這不是以自我為中心，而是不責怪他人的宣言，是一種對自己人生負責的態度。**

我們不是渺小和微不足道的存在，反過來，也不是特別的、完美的存在。我們只是有著與生俱來的耐力，再靠努力培養耐力，以此付出行動和尋求改變而已。人生沒有理所當然的、固定的和必須照做的事情，越是沉迷在沒有瑕疵的角色遊戲裡，越是會遠離真正的自己。為了沒有對立與衝突、不和與矛盾的關係，越是會受到束縛，自己的內心越是會被疏遠和被孤獨糾纏。**那些寧可疏遠與他人的關係，也**

不疏遠自己的人是不會受到外部矛盾而產生動搖的。所以請放心，守護好自己，保持與他人關係的界線。雖然這樣偶爾會覺得孤單，但絕不會拔掉自己的根基。

若想不憎惡他人和自己

擁抱自己的雙重感情，等於是珍愛自己。
這樣既不會把「想丟棄」的東西投射在對方身上，
也不會憎惡他人。

我在前面跟大家分享了自己希望成為父母完美孩子的虛構想像。這次我想跟大家分享的是，為了孩子希望成為完美父母的情況。這種情況反而會使問題更加嚴重，因為想證明自己是完美父母的人，正是像我這樣的子女。

既愛又恨

我們來看一下電視劇《天空之城》的內容。車民赫威逼孩子們說，只有登上象徵社會階級的金字塔頂端才意味著成功。當然，他認為自己引導孩子登上金字塔頂端的角色是最好、最棒的家長形象。正因為這樣，孩子不光討厭他，身心也受到了壓抑。禹楊宇一家人的氣氛則與其他人家有所不同，他不會盲目地教孩子朝著金字塔的頂端前進，所以孩子很喜歡他，並且能夠心平氣和地承認自己處在金字塔的中間。那麼是站在金字塔頂端的人幸福呢？還是處在中間的人幸福呢？當然，這沒有標準答案。但至少可以明確地知道一點，正如劇中父母們自己陳述的那樣，已經接近金字塔頂端的人看起來並沒有那麼幸福。

精神分析學家芭芭拉・阿爾蒙德（Barbara Almond）在《媽媽對孩子既愛又恨》（The Monster Within）一書中警告大家，希望成為完美的母親是一件非常危險的事。其危險性可以從「吸血鬼型的母親」演變成「殺害孩子的母親」。作者建議，不要為了成為完美的母親而嘗試擺脫「母親的陰暗面」，而是應該接受自己內心存在的雙重感情。（雖然作者把與孩子的關係主題設定為母親，但這本書中出現的母親一詞最好都理解為「養育者」。）

所謂雙重感情是指，對某人、目標或欲求同時存在愛與恨兩種感情。作者還強調了，這種雙重感情絕不是錯誤的，而是人類不可避免的、極為自然的感情。母親愛自己的孩子，但也會覺得煩躁、嫉妒和害怕孩子。對於孩子和育兒產生負擔是很普遍的一件事。我在身陷不幸的時候，也會覺得孩子像是在剝削我一樣。很多養育者在面對這種感情時，會感受到絕望、罪惡感、自我厭惡，嚴重時還會演變出自我懲罰的行為。這時，我們要做的是理解和接受這種感情。只要接受內心產生的這種感情，銘記對孩子的愛就可以了。**我們對一個人可以既愛又恨，也可以既恨又愛。**

擁抱自己的雙重感情

所謂人心，如果過於偏向某一邊，受到壓迫的另一邊必然會要求補償。也就是說，無論任何意圖，都會帶來反效果的意思。想要成為善良的人，那麼與「善良」對立的傾向便會被驅趕出內心。但這些遭到排斥的本性並不會消失，而是會成為更強的力量，破壞我們的內心、關係和靈魂。事實上，這種情況常常會以極端的型態出現。

最悲劇的結果就是自殺。很多留下遺書說自己忍受著巨大痛苦的學生，都是得到周圍人認可且功課好的優等生。也有這樣的情況，一位住在失智症病房的「討人厭」的老奶奶，不光是護士和護工，就連其他患者也都對她直搖頭。老奶奶對待周圍人就跟使喚佣人一樣，她見誰都會破口大罵，遇到不順心的事還會大動干戈。後來才知道，她做了一輩子「聖傑」、「優雅」的牧師夫人。她為了盡心盡力地輔佐當牧師的丈夫，為了把孩子教育得體以符合牧師家庭的形象，以及為了履行韓國社會對於牧師夫人要求的職責而苦苦忍受了一輩子，以至於其他的本性都受到了壓抑。很有可能是因為這樣，才使得她在潛意識下爆發了以自我為中心的「隨心所欲」。

我們再來想一下，若把自己設定的某一面視為有價值的「自己」，那等於是放棄了另一面的「自己」。我們內心存在著善與惡、愛與恨、高尚與膚淺、寬容與刻薄等等的感情。我們在生活中無法盡情地表達雙重感情，所以只要了解到這一點，不要把自己的感情從內心排斥出去就可以了。**擁抱自己的雙重感情，等於是珍愛自己。這樣既不會把「想丟棄」的東西投射在對方身上，也不會憎惡他人。**

就讓我們忍耐一下適中和模凌兩可吧。畫下界線來過日子，只會把自己圈在框架裡面。如果把缺點、缺陷、瑕疵與不足丟在一邊，總有一天它們也會被積滿。只要能稍微忍耐一下適中和模凌兩可，就能感受到生活的妙趣。妙趣是很微妙的！既模糊不清，又很神奇，還會教人不自覺的點頭。既不是這樣，也不是那樣，那是搞不清楚的豐盛和充足。我想起了德賢高僧講過的一個故事，一個務農新手不知道應該何時播種豆子，看了很多書，但每本書的時間都不同。於是他像村裡的老人請教，老人不以為然地說：

「柿子樹開花時種白豆子，柿子樹凋零時種黑豆子。」

所謂孩子和父母的角色也有固定的說明書嗎？根據每個家庭土壤的不同，柿子樹花開花謝的時間也不同。完美的孩子和家長的模範不過是虛像。偶爾有失誤、不足的一面、不夠完美，這才是普通人的狀態。有瑕疵所以不夠完美，但這樣才能喘得過來氣。我們的心也需要留出空間，這樣才能放進和清空世間的事。

第八章

設立警戒線

～ 守護自己的方法 ～

拒絕，守護自己的自尊

當某件事與自己的價值和信念相反時，能夠說出「我不這樣想。我不同意。」；當遇到自己不想做和討厭的事情時，能夠說出「我不想做。這不是我想做的事。對不起，我拒絕。」

秀靜借錢給別人或是替人做擔保，少說也被騙了一億韓元。因為丈夫幫她還了這筆錢，所以她必須拿出反省的態度，因此在丈夫的勸說下參與了為善良人開設的治癒活動。秀靜家境富裕，所以周圍的人紛紛來向她借錢。每當這時，她都無法拒絕那些處境尷尬的朋友，所以每次都瞞著丈夫借錢給別人。借錢的人一個接一個的失聯，因為秀靜根本沒有想過要寫借據，或是公證之類的程序，所以幾乎一分錢也沒有收回來。她說拒絕是世上最可怕和討厭的事。

秀靜說：「我怎麼能拒絕他們呢。我做不到。如果現在有誰跟我訴苦、借錢，哪怕是跟別人借，我也會幫助他的。」

從小到大，秀靜最常聽到母親說的話就是「都是因為妳」。母親把不滿意的婚姻、自己的不幸和弟弟的惡行都說成是「秀靜的錯」。她非但沒有得到養育者安全、溫暖的照顧，反而成了家裡的麻煩。不知不覺間，秀靜對自己產生了深深的羞恥心。遇到這種情況時，秀靜為了不受羞恥心的威脅，會設計出保護自己的裝置——觀察他人想要從自己身上獲得什麼的雷達。而且這種雷達的性能越是發達，越是會讓她變成順從的人。因為這種雷達會避開遭遇拒絕和指責的情況，還會敏感地觀察他人的欲求和心情，並根據情況做出反應。這等於是強化了他人志向性。擁有這種觀察他人的雷達，並且能擺脫他人志向性，可以暫時從威脅的情況或矛盾中保護自己。但這種態度長期持續下去，或是在人際關係裡反覆出現，便會內在化形成特定的心理結構。這樣下去，只會漸漸地連自己想要什麼都搞不清，進而失去自我。

拒絕，既是自我表達，也是自我主張

如果羞恥心被內在化，便意味著沒有形成健康的自愛。形成健康自愛的過程是這樣的，幼兒需要體驗有人立即對自己的要求做出反應，以及無條件的接受自己。「哭泣的時候，有人換尿布；餓的時候，有人餵奶；需要溫暖的時候，有人擁抱」這樣的經驗滿足了自己與養育者融為一體的幻想。這樣的幻想會讓自己擁有「我無所不能，我最棒」的全能感，由此形成「特別且珍貴」的自愛。這種健康的自愛是通過穩定的依附關係建立而成的，通過安全地被接受的經驗來信賴世界，相信自己是值得被愛的存在。

形成了健康的自愛後，便可以憑藉內在的力量克服人生中遇到的失敗與挫折、矛盾與苦痛。所謂內在的力量是不破壞自己的身心，能夠客觀地看待自己和世界的能力。不會一味地怪罪自己，也不會無條件地責怪他人，而是能認知當下的狀況和自己的不足。若無法形成健康的自愛，便會認為自己活在危險、不可信的世界，假如暴露出自己的軟弱與不足，便只會面對更加嚴重的危險和受到傷害，然後一直活在不安中。這樣的人會儘量不表現自己，認為追隨和附和他人才是最佳的選擇。秀靜也因內在化的羞恥心和拒絕的恐懼放棄了自己，養成了依賴他人的順從傾向。正因為這樣，她才難以做到自我表達和自我主張，只能活在「你」與「我」無法共存，只有「你」的世界裡。

很多有著嚴重順從傾向的善良人都很難表達自己的意見，他們以為不暴露自己，就可以掩飾羞恥和軟弱。而且不在組織裡顯露風頭，還可以避免遭遇排擠和孤立。當不做出自我表達和自我主張時，可以獲得這種利益。但這不過都是一時的。當這種「丟失自我」的狀態在成人以後仍舊持續下去，便會連為什麼而活都不知道了。舉例來說，不擅長自我表達和自我主張的人，就是缺乏自我確信的人。這樣的人會經常問：「別人不也這樣嗎？別人不也這樣想嗎？」這樣的人比起自己，更在乎別人的想法。比起過自己的人生，更在乎不暴露自己、不被人討厭的安全狀態，然後再以「別人不也是這樣嗎？」的問題來確認自己不用對此負責。

在此，我要把最難的「拒絕」與自我表達和自我主張聯繫在一起進行說明。當某件事與自己的價值和信念相反時，能夠說出「我不這樣想。我不同意。」；當遇到自己不想做和討厭的事情時，能夠說出「我不想做。這不是我想做的事。對不起，我拒絕。」這都是拒絕形式的自我表達。這是守護自尊感的行為，有時也會守

護自己的安全和珍貴的事物。如果秀靜不強迫自己答應朋友的請求，對他們的請求能夠說「不，我無能為力」，就可以守護家庭的和睦與財產了。

如果不能及時拒絕

如果不能拒絕對方傳達給自己的想法和見解，那就不再是順從，而是更進一步的服從了。史丹利．米爾格蘭（Stanley Milgram）發明的知名心理學實驗「服從權威」，如實地展示了這種危險性。

實驗小組為「體罰對於學習行為的效用」實驗招募了參與者，參與者分別扮演「老師」與「學生」兩種角色。扮演學生的參與者坐在椅子上，雙手固定在椅子的扶手上，手腕上貼有電擊棒。扮演老師的參與者看到準備就緒後，則會移動到有實驗小組人員（權威者）的房間。事實上，接受體罰的學生是實驗小組的成員，並不會真的對其進行體罰。也就是說，所謂體罰對於學習行為的效用實驗是假的。該實驗的真正目的是為了測試「老師」是如何服從權威。當學生答錯問題時，老師必須對其施以電擊。電擊從十五伏特開始，每答錯一題時便會增加十五伏特，最終達到四百五十伏特。隨著電擊伏特越來越強，扮演學生的小組成員便會發出更大的慘叫聲。參與實驗的「老師」們聽到慘叫聲時，會痛苦不已地說：「這樣還要繼續嗎？」、「我下不去手。」這時，穿著白袍的博士，也就是實驗者會指使他們說：「沒關係，不必擔心，繼續加大電擊，凡事由我負責。」

米爾格蘭在設計該實驗時預測，當電擊達到一百五十伏特左右時，參與者會提出中斷實驗和拒絕參與測試，所以假設的結果是，只有百分之零點一的人會加到四百五十伏特。因為他認為沒有人會為了四美金去殺人。但在實際測試中卻出現了驚人的事情。隨著電擊越來越高，老師們反倒對痛苦失去了感覺。當點擊超過三百伏特以後，提出「這樣做沒事嗎？」的人變得越來越少了。實驗結果顯示，參與測試的人中百分之六十，也就是三分之二的人按下了會對人體造成致命傷害的四百五十伏特按鈕。由於這一實驗給參與者造成了心理創傷，米爾格蘭最終因受到倫理質疑而被免職了。但至今為止，這一實驗仍被認為是掌握人類心理對於權威與服從的世紀性實驗。

米爾格蘭在著作《服從權威：有多少罪惡，假服從之名而行？》（Obedience to Authority: An Experimental View）中，針對參與者為什麼會採取這種行動，分析出了幾點的原因。首先，參與者都希望遵守約定。這正是「善良人」的特徵。其次，這種順從的態度干擾了他們擺脫權威者的決心，並且縮減了因矛盾帶來的緊張。最後，促使他們按下四百五十伏特按鈕的真正原因，並不是來自於他們自己的憤怒和攻擊性，而是來自於他們與權威者建立的關係。即，服從權威是指無法行駛自己的控制力，進而把自己委託給權威者，成為執行權威者願望的代理人或工具。

我會成為那百分之六十五中的例外嗎？我會適當地做出諸如「不要，不可以，請停止」的自我表達嗎？誰都無法斷言自己會是一個例外。因此，**為了不讓自己被外部的力量所迷惑，必須保持清醒的頭腦，緊緊抓住自己。當有人對我造成危害時，必須理直氣壯地阻止他，如果僅憑個人之力做不到，就應該向周圍人請求幫助。不要讓自己陷在自暴自棄的無力感之中。**前面的實驗中也有類似的情況，當電擊超過三百伏特以後，人們自動撤回了自己的控制力，無力地服從指示。這正是「習得性無助」。

認為自己不管怎麼努力都沒有用的想法，只是無力感製造出來的惡作劇罷了。當然，如果被習得性無助所支配，便很難進行主動的思考和行動。不要再抓著過去不放了，讓我們正視當下發生的事吧。從小被綁著腳鏈的小象，長大以後也無法除去一隻腳上綁著的腳鏈和木樁。那是只要踢一腳就能連根拔起的木樁，而我們也不再是小象了。

我的人生裡卻沒有我自己

「允許自己做一個普通人」，告訴自己此時需要什麼，
什麼才是自己人生裡最重要的事。

智允會傾聽周圍人的嘆息和不滿。母親、弟妹和好友都「圍在」她的身邊，好像自己是全世界最苦的人一樣，都在向她傾吐口水：「我真是要痛死了、那個人簡直要氣死我了、工作不順利，簡直快要把人逼瘋了」。如今智允再也沒有力氣去傾聽他們，甚至開始為此感到憤怒了。智允覺得胸口發悶，連他們的聲音都不想再聽到了。即使是這樣，她還是無法停止「聆聽」。智允像一個罪人似的低頭說：「如果我不這樣做，他們就沒有可以傾訴的地方了，所以我別無選擇。」

智允接受心理諮商已經兩年了。雖然她看起來比第一次見面時開朗很多，但依舊給人一種像是被關在某處、被壓抑著的

感覺。她的聲音有氣無力，還帶著微弱的顫抖。每次講話時也只是流淚，沒有放聲大哭過。智允沒有準確了解自己的感情，對於很多問題都只回答「不清楚」。她處在對自己一無所知的狀態，令人感到遺憾的是，最讓智允覺得辛苦的人是母親。雖然她不想聽母親的抱怨，但還是努力表現出理解她的樣子。她覺得如果向母親宣布感情獨立，會傷害母親，不能連自己也這樣做。

面對諮商者時，我會傾聽對方講的「話」。但比起這樣做，我更希望能對他超乎語言之外的痛苦產生共鳴。智允發出的呻吟令我感到心痛，因為這跟我的問題很相似。

沒有可以解釋自己的詞語

那是我為自己進行心理諮商的時候，內容主要是跟母親有關的愛憎問題。我一個人輪流扮演母親和自己的角色，分別表達出兩個人的想法和感情（空椅empty chair方法）。首先，我扮演母親坐在椅子上，向看不見的自己講話。我希望妳怎麼做、我想要什麼、擔心什麼、妳的哪些缺點令我不滿、妳做什麼時，我覺得最幸福、未來希望妳做什麼。我就像被母親附了身一樣，站在她的立場一口氣講完了她對我的要求和不滿。接下來，輪到我，假設母親坐在對面。我沉默了幾分鐘，最終只講了幾句話。如今已經記不起當時說過什麼了。我不知道自己想要什麼，也不清楚自己的感情。那時我才醒悟到，在母親面前，我已經喪失了自己的語言。這讓我感到非常困惑，一股強烈的悲傷湧上心頭。

我得了「述情障礙 Alexithymia」。也就是說，我正處在無法識別和表達自己感情的狀態。心理學家彼得・謝弗涅斯（Peter Sifneos）和約翰・凱斯・內米亞（John Case Nemiah）早在一九七〇年代就介紹過這一用語。這個新名詞的組合頗具震撼力，它是由希臘語中表示「詞語」的「lexi」和代表「靈魂」的「thymos」，以及表示「否定」的「a」組合而成的。解釋下來就是「沒有可以解釋靈魂的詞語」。準確地講，在為自己進行心理諮商的當下，我「沒有可以解釋自己靈魂的詞語」。造成述情障礙的主要原因來自迴避的經驗。為了避免不安和恐怖等負面情緒，最方便的方法就是避免遇到這種情況，或是無視已經產生的感情。當然，如果一直這樣下去，最終將無法察覺出感情和表達感情。接下來，很快就會出現失去自我的狀態。

當時與母親在感情上融為一體的我，也可以看成徹底失去了自我。假若母親的表情稍微嚴肅，或是口氣冷漠，我就會立刻僵住。母親心情好的時候，我也會很開心。非常神奇的是，母親的感情好像徹底吸入了我的靈魂。為了得到母親的認可和愛，我努力滿足她的要求和欲求，感情和欲求也因此遭受了壓抑，最終連自己也不知道那是什麼了。智允和我當年一樣，搞不清楚自己的感情，答不出自己的想法。

你要成為填補他人匱乏的工具嗎？

提倡存在主義心理治療的歐文・亞隆（Irvin D. Yalom）用自我界限（ego boundary）解釋了這種狀態。人們為了擺脫這種狀態的痛苦，嘗試過各種各樣的方法，其中最具代表性的方法是，削弱自我界線，不區分自己與他人（匯合confluence），並讓自己與他人融為一體（合併incorporation）。人類為了感受自己的重要性會在一定程度上需要他人，但這種需要若超過了必要以上，便會成為填補他人匱乏的工具。亞隆認為，這種關係只會抑制成長，喚起實際存在的罪惡感。

雖然智允應該保護自己，遠離那些利用自己發洩感情的人，但她卻對保護自己感到內疚。我與母親在感情上融為一體，但拒絕成為填補她匱乏的工具，為此我也感到很內疚。因此，為了消除這種感情融合的連帶感，我們首先要做的是，處理好自己的感情，建立起牢固的自我界限線。

家庭治療師約翰．布雷蕭（John Bradshaw）將自我界限線比喻成「保護內心空間的籬笆」，他根據強度把自我界限線分成了三種：「堅固的自我界限線」相當於只有主人才能在屋內打開的門；「容易摧毀的自我界限線」等於是沒有上鎖，可以在外面打開的門；「倒塌的自我界限線」可以看成沒有一扇門的房子。當年接受心理諮商的我和現在的智允，都存在著跟「沒有門的房子」一樣的自我界線。如果這棟房子不經主人允許便可以隨便出入，甚至連門都沒有，就等於是毫無防備地暴露在感情虐待的狀態之下。假如原本應該得到極力支持的孩子無法滿足依賴欲求，反過來要照顧大人的情緒，那麼孩子就會經歷孤獨與冷落，進而產生極度的不安。為了迴避這種冷落與不安，為了將自己的行為正當化，孩子還會製造出像是「犧牲者」或「英雄」等的虛假自我。這種喪失自我的狀態只會不斷循環。但是，一定有減少痛苦的方法。只要重新建立起牢固的籬笆就可以了。為此，我們必須離開那棟沒有門的房子，徹底告別那個地方。

悼念自己真實的傷痛

當時，面對巨大的傷痛，我進行了悼念。為了告別那段沒有自我的人生，我十分痛心地進行了默哀。我哭過很多次，因為生氣而哭、因為委屈而哭、因為心裡難受而哭、因為覺得自己可憐而哭，甚至因為不想送走那段時間而哭。悼念是把失去的傷痛化為生命的一部分，是側耳傾聽傷痛，是觀察它的模樣、感受它的重量。像這樣一直沉浸在傷痛中，不知不覺它便會覺得這樣就夠了，然後揮手向我道別。在「沒有門的房子」裡住了三十年的我，開始慢慢修建起屬於自己籬笆。我把當時練習的過程分享給大家。

首先，要努力認知自己的欲求。用完整、明瞭的句子告訴自己。

「我想一個人生活。」

「我想哭。」

「我不想講話。」

「我不想笑。」

然後，允許自己毫不內疚的傾訴出這些欲求，並且不對自己進行任何判斷和指責。這樣的練習有助於區分哪些事是有助於自己，哪些事是為了迎合他人。

與此同時，嘗試給這些感情取名字。所謂給感情取名字，是指單純地用感情詞語來表達自己當下的感受。若想為每一個瞬間產生的感情取名字，就要時刻保持清醒。當然，這並沒有說的這麼簡單。如果是擅長冥想的人，會更容易認知自己內心在流淌著什麼，但要為感情取名字，則需要多加練習。如果覺得每一個瞬間去感受感情是一件難事，那不妨嘗試選出當天最具代表性的一個感情詞語寫在日記本上。如果是這樣，就要回顧自己度過了怎樣的一天，以及與自己建立了怎樣的關係。像這樣，每天短暫的接觸自己，也會對認同自己起到幫助。**通過給感情取名字，很快便會意識到自己缺乏感情的詞語。為了正確表達當下自己內心流淌的感情，尋找詞語、了解它的意義，也有助於拓展理解自己的領域。**

這些微不足道的努力，成就了我每一個瞬間「允許自己做一個普通人」，告訴自己此時需要什麼，什麼才是自己人生裡最重要的事。即使是自己無法承擔或不想去做事，但還是允許他人隨意侵犯和利用自己，那這就等於是把自己從自己的人生裡趕走一樣。

罪惡感也是一種習慣

容易產生罪惡感的人，很多時候會把自我憐憫投射在他人身上。
只要把這些無休止的想像拋開，才能覺得輕鬆和舒服。

我們周圍隨處可見利用刺激的罪惡感來操縱對方的情況。特別是像父母與子女、夫妻或戀人等的親密關係上更是如此。「現在都幾點了，你又遲到？」、「你只會這樣嗎？」、「你真是太自私了！」當聽到這樣的話時，你有何感想呢？你會覺得對方生氣都是因為自己。但講出這種話的人是把自己產生的負面情緒轉嫁給對方，讓對方產生罪惡感，最終促使對方按照自己的想法採取行動。這些話裡隱藏著如下的含義：

—現在都幾點了，你又遲到？
—你應該早點回來幫我做事。
—你只會這樣嗎？

—你必須更加努力好讓我開心。

—你真是太自私了！

—你必須為了我做些什麼。

罪惡感是能牽絆住善良人的強烈感情。有時候，明明覺得是在走自己的路，但當罪惡感的紅燈亮起時，「自己」瞬間消失，只留下對方。在我和母親的關係裡經常會發生這樣的事。

幾天前，母親打電話給我。因為母親傳簡訊說自己很難過，認為我只是出於形式回覆了她，所以在電話裡衝我發起了脾氣。我忍不住頂撞了她：

「我要怎麼做妳才覺得心裡好受呢？那妳告訴我，妳想聽什麼話。」

「妳這是什麼話！四十多歲的人了，妳是白活了嗎？做心理諮商的人連這都不懂！」

母親這是要求女兒處理她的負面情緒，這時女兒只有成為母親的發洩口和安慰者才能避免矛盾。但這種關係只是戴著假面的虛偽關係而已。因為履行對方要求的動力不是出自真心，而是來自恐懼和罪惡感。從前的我會為了通過「感情發洩口／

安慰者的技能考試」而竭盡全力，因為受母親的情緒影響，所以知道她想要什麼。我會不停地傳簡訊說我愛她，或是打電話陪著她哭，又或者立刻跑去陪她。只有這樣母親才會感到滿足。但現在的我不會再扮演安慰者了。我會理直氣壯地告訴她：「雖然妳心裡不是滋味，但我已經竭盡所能了。我不可能滿足妳所有的要求。」我之所以可以做到這一點，是因為內心產生了力量。母親因為我沒有竭盡所能而生氣，她感到恐懼和不安也是因為看到我有別於過去的大膽行動，意識到我再也不會按照她的意願採取行動了。

從內心深處湧現的習慣性罪惡感

為了操縱對方，可以使用刺激罪惡感的手法，但比這更可怕的是，自己主動拉響罪惡感的警笛。如果習慣了因罪惡感而被操縱的關係，即使對方沒有提出要求，自己也會主動向內心下達刺激罪惡感的命令。在上述的情況中，對方下達的命令和自己主動下達的命令都發揮了作用。雖然意識到了問題，但內心還是習慣性的產生了罪惡感。針對這種情況，有兩個問題需要解決。

首先，觀察並處理主動下達命令的內在化罪惡感。雖然我表面上可以理直氣壯地講出那番話，但內心還是會對沒有滿足母親而產生罪惡感，覺得自己拋棄了母親。此時，我必須承認這種罪惡感是來自於想要拋棄母親的想法。但核心問題是，我並沒有真的拋棄母親。自己的軟弱與堅強、利他與自私、熱情與冷靜等的感情模糊地混淆在了一起，然而自己卻很難接受這種模糊的感情。但我知道自己應該怎麼做，應該朝著哪個方向前進，由此付諸行動。漸漸地我可以區分母親強大、自己軟弱的「想像」和我們都很軟弱的「現實」。當我接受了強大與軟弱共存的現實以後，便重拾了平常心。

我要解決的第二個問題是自責的心。掛斷母親的電話以後，我放聲大哭了起來。母親過分以自我為中心令我氣憤，然而更令我生氣的，其實是我自己。我在為別人進行心理諮商時常說，我們有不受傷害的權力，但聽到母親說那句「妳連這都不知道，是白活了嗎？」的時候，卻倍感受傷。因為受傷，又覺得自己很差勁。況且我明知道不應該通過他人的認可尋找表面的存在感，而是應該在內心承認自己。因此我必須承認自己沒有期待中的那麼優秀，也不可能任何事都言出必行。當承認了自己的極限和不成熟以後，反而對長期身患重病而處在不安與恐懼中的母親產生了憐憫之情。

接受不完整的自己

罪惡感會影響人生的各個方面。因為受害意識，即使討厭對方也會產生罪惡感。因為這是愛憎關係裡經常發生的一種相互作用。但此時的罪惡感不僅帶有單純的歉意，還具有針對討厭對方的行為而賦予自己的懲罰和懺悔功能。感受到罪惡感時，會覺得自己「不是壞人」，並因此無意識地獲得安全感。有時，為了展露自我的高貴與優秀也會利用罪惡感。阿德勒在《精神官能症問題》（Problems of Neurosis）一書中介紹了一個男孩，他認為男孩在說謊後感到罪惡感，其實是「通過毫無意義的罪惡感在扮演一個擁有高貴人格的人」。對說謊行為過度擔憂，周圍人便會被他的正直所感動。

有時，即使對方沒有操縱自己的意圖，自己也會因罪惡感痛苦不已。這是因為罪惡感在自己的內心下達了命令。希望得到所有人的認可，希望所有人都喜歡自己的完美主義者更是如此。這樣的人會通過罪惡感把無法滿足自己或對方的責任全部推卸在自己身上。但矛盾的是，將這種不完美的責任轉換成罪惡感時，可以減輕對於不完美的心理負擔。但這樣一來，勢必會出現隨之而來的漏洞——自我貶低和羞恥心。我們的內心就是這麼微妙且複雜。既然如此，那應該怎麼做呢？遺憾的是，沒有妙招。但慶幸的是，我們的內心也很單純，我們只能以這樣的心態去接受自己的不完整。

不幫忙的話，對方就會受傷的誤會

如果想無視刺激罪惡感下達的命令，應該怎麼做呢？當發現罪惡感亮起紅燈時，首先暫停下來。不管對方是否帶有讓自己產生罪惡感的意圖，都要先認識感受到罪惡感的人是「自己」。在責怪自己或別人以前，先來觀察感受到這種感情的主體——自己。我之所以會感受到罪惡感，是因為覺得自己拋棄了母親，然而在我的內心深處真的隱藏著這種想法。為了不讓自己面對這種真心，我還進一步放大了罪惡感。此外，因罪惡感而難過的理由也是因為不想承認自己沒有出息。最後，只要接受自己的這些感情。這就是我，但同時這也不是真正的自己，所有的一切不過是自己想像出來的。只要把這些無休止的想像拋開，才能覺得輕鬆和舒服。

在紅燈前停下來，觀察自己，並與自己展開對話。然後就要區分一下哪些事是發自內心的，哪些是出於罪惡感的。如果行動的動機來自於罪惡感，甚至想為他人的感受承擔責任，那就需要立刻停下來，必須把自己的欲求和感情放在首位。這樣做你會擔心對方心裡難受，或是覺得遭到了背叛？如果這種擔憂和不安仍舊存在，說明你內心的罪惡感還在發揮著作用。尼采把這種為尚未發生的事而擔憂的心理視為一種「良心譴責的病」。假如一定要為這種病取一個病名，我想可以稱之為「不想挨罵的病」。要想治癒這種病，就要停止努力做一個好人。這樣做，勢必會挨罵。但只有對挨罵產生了抵抗力，才不會出現其他的反應。

接下來，觀察一下自己是否身陷在自我憐憫之中。容易產生罪惡感的人，很多時候會把自我憐憫投射在他人身上。覺得自己軟弱、可憐的人無法對他人的軟弱視而不見。對於那些利用刺激他人的罪惡感來滿足自己欲求的人，就算我們不接受他們提出的要求，他們也會過得很好。我們所擔心的那些人往往都是比我們更有能力的人。**因此仔細審視一下自己是否是一個自我憐憫的人，是否把自己的軟弱和可憐**

投射在了他人身上。要想做到這一點，就要先改變自己的視角，並告訴自己，我沒有自己想像中的那麼軟弱。

守護自己的方法

就像他人沒有義務滿足我們的欲求一樣，
我們也沒有義務去滿足任何人。

我們已經走到了最後一步，接下來只要制定界限，熟悉守護它的方法就可以了。在我與母親的事件中，我意識到了自己內在化的罪惡感，以及產生罪惡感時對自己寒心與自責，但是將這兩團火熄滅以後，我重新找回了客觀的視角。這樣一來，我才能在母親隨口說出的那些話以後，對她產生憐憫之情。著有《非暴力溝通》（Nonviolent Communication）的馬歇爾．盧森堡（Marshall B. Rosenberg）指出，當聽到自己難以接受的話時，我們可以做出四種選擇。責怪自己、責怪他人、認知自己的感受和欲求、認識他人的感受和欲求。根據我的情況來具體觀察一下我能選擇的四種態度。

一、責怪自己

承認是因為自己沒能滿足母親，所以令她生氣。覺得我應該更加努力，不讓母親傷心難過，並向母親道歉。

這是為了避免在關係中可能產生的矛盾，因此選擇獨自承擔所有的責任。

二、責怪他人

認為母親生氣是過於以自我為中心的行為。對她的憤怒產生反抗心理，有時還會冒出「我們走著瞧」的想法。

把關係的責任都推給對方，迴避罪惡感等負面情緒。

三、認知自己的感受和欲求

我按照自己的方式為母親付出了努力，希望母親對我的努力給予認可。但因為母親看不到我的努力，所以覺得心裡不是滋味和難過。

在關係中，不單方面承擔責任，而是重視自己的感受和欲求，努力守護自尊心。

四、認知他人的感受和欲求

母親因長期過著抗病生活，所以處在非常不安和疲憊的狀態。她希望女兒能分擔這份孤獨與恐懼，但最後因為沒有得到滿足而失望。

不僅觀察自己的感受和欲求，也能觀察出對方沒有直接表達出來的感受和欲求，並能產生憐憫的態度。

在與母親的事件中，我選擇了二到四的方法。我沒有使用第一種方法「責怪自己」，因此沒有為了避免矛盾而把所有的責任攬在自己身上。但正如第二種方法「責怪他人」那樣，我責怪以自我為中的母親，並把責任推卸給了她。在第三種方法「認知自己的感受和欲求」中，我承認了自己希望得到母親的認可，並因此覺得難過的心態。在最後一種方法「認知他人的感受和欲求」中，我認知到了母親因不安和恐懼，所以才會更加依賴我的事實。經歷了這樣的過程以後，我也能重拾了內心的平靜。在這個過程中，我沉默了幾日，然後給母親打了電話：

「媽，妳很辛苦吧？」

守護自己，進而守護關係

請思考一下，在關係發生矛盾時，你會採取以上四種方法中的哪一種呢？第一、二種方法對雙方都沒有幫助，雖然責怪自己或別人可以表面避免出現的矛盾，但矛盾始終還是會惡化。相反的，對雙方起到幫助的是第三、四種方法。雖然這需要一定的忍耐和洞察力，但總有一天智慧之門會打開。**「責怪」具有攻擊性和破壞性，「認知」則意味著接受和慈悲。**因此若能從「責怪」走向「認知」，就可以守護自己，進而不破壞關係。當然，這是一件很難的事。但你一定可以做到，只要嘗試都可以做到。即使人到中年，我也還在努力從母親的感情中獨立。事實上，也漸漸遠離了對她的依賴，逐漸找回了自己的力量。大家也可以把我視為一種安慰。

我們再來思考一下，假如有人對自己提出要求，或是堅持把自己的信念強加於人，我們應該怎麼做呢？首先，認知自己是否不假思索地想要順從對方，還是一味地想要做出反抗。然後，判斷對方提出的要求或想法是否對自己有益，是否能成為自己學習的機會。**如果是對自己有益，並且是一個學習的機會，即使做不好或是不喜歡做的事，但為了成長也可以感恩地去接受。**

相反的，如果這件事不利於成長，而且超越了自己的極限，並且發自內心的不想做，便無需感到罪惡感，只要平靜地接受「他與我不同」，然後鄭重的拒絕對方就可以了。我們只有正確地理解彼此的不同，才能更容易地尊重彼此的界限。當別人發現我們的弱點，或是指責我們的時候，通常都會產生憤怒和不安的情緒。與此同時，還會覺得這是自己的責任，進而產生罪惡感。我們有必要進行充分的練習，告訴自己沒有必要為此感到不安和產生罪惡感。

就像他人沒有義務滿足我們的欲求一樣，我們也沒有義務去滿足任何人。雖然每個人都有表達的自由，但我們沒有必須滿足對方要求和欲求的義務。我們誰都不應該活得像一個「罪人」。

後記

最終定稿，然後寄給出版社以後，過了六個月我才提筆寫下這篇後記。這期間，母親過世了。交稿後，母親的病情加重，最終畫上了句點。開始寫這本書的時候，我一直在苦惱應該講多少關於母親的事。我明知道母親看了心裡會不是滋味，但還是堅持己見寫了出來。因為母親在我的人生裡佔據了很大的比重，如果沒有她，那這本書就是沒有餡兒的包子。而且我認為只有詳述真實的故事，才能給讀者帶來幫助。但這本放了很多餡兒的書，母親卻看不到了。我寫了一本母親看了會難過的書，但又因母親再也看不到而心情複雜，或許這就是做女兒的無奈吧。我想會有很多人跟我一樣。

我是家裡的英雄。當然，我覺得家裡人也都是這樣看我的。現在想來，或許是我自己想充當英雄。不管怎樣，我都在不知不覺中扮演起了這個角色。為了讓母親安心，我會陪害怕一個人去醫院複診的她，還會為弟妹提意見，並且支持他們。我在家裡扮演著核心決策的家長角色，也是讓每個人安心的監護人，還是幫助他們解決心理問題的諮商師。但這些角色並不是我選擇的，而是我學習到的，因為只有這樣，我才能得到他們的認可和愛。

從事心理諮商以來，讓我對善良的人有了更深刻的了解。這些人向我講述了他們在愛、傳統和文化的陰影下代替別人而活的痛苦，後來他們意識到自己的想法和信念、感情和欲求原來都不是自己的，而是來自父母或其他對自己重要的人。他們為此感到委屈和憤怒、驚慌和悲哀。我也和他們一樣難過和生氣。我們從小學習自私是不好的，自私會帶來罪惡感，所以我從小沒有撒過一次嬌，乖乖地做一個善良的小孩。長大以後，通過謙讓來獲得補償，渴望以此得到家人的認可和愛。學會謙讓、謙遜，然後討厭那些自以為是、自私的朋友，擔心如實講出自己的想法會惹人討厭和挨罵。然而，正是這些感情把我們變得渺小和微不足道。但終有一天，這些感情爆發了出來，加深了我的憂鬱感。但我選擇放棄這些感情，為自己而活，才能過得輕鬆。**我們都有自由、幸福的權力，為自己而活，就等於在世上做一件好事。**

現在也為時不晚，希望你盡情地展翅高飛。如果讓自己束縛於必須要做的事，或是一再迴避不該做的事，只會讓我們的內心沉重。除了維持生命以外，人類最需要的是張開內心，分享愛和有尊嚴的活著。希望這本書可以幫助到大家，忠心地期盼我們可以更深入地了解自己和他人。

出版一本書，需要花費很多心血。為了做一本好書，我很開心能與出版社SuoBooks和馬善英代理合作。我會銘記恩師朴美羅的恩惠，借此機會深深地向她表示感謝。最後，這本書要獻給我深愛的母親明浩女士，直到最後我才知道自己有多愛您。

國家圖書館出版品預行編目(CIP)資料

你不用看別人臉色也可以活得很好：果斷拒絕利用你的善良來剝削感情的人／韓慶銀著；胡椒筒譯. -- 初版. -- 新北市：幸福文化出版社，遠足文化事業股份有限公司，2021.04
面；　公分. -- (富能量；14)
譯自：당신 생각은 사양합니다
ISBN 978-986-5536-52-7(平裝)

1.自我實現 2.生活指導 3.人際關係

177.2　　110004557

富能量 014

你不用看別人臉色也可以活得很好：

果斷拒絕利用你的善良來剝削感情的人

作　　者：韓慶銀
譯　　者：胡椒筒
責任編輯：梁淑玲
封面設計：白日設計
內頁設計：極翔企業有限公司

總 編 輯／林麗文
副 總 編／梁淑玲
主　　編／黃佳燕
行銷企劃／林彥伶、朱妍靜
印　　務／黃禮賢、李孟儒

社　　長：郭重興
發行人兼出版總監：曾大福
出　　版：幸福文化／遠足文化事業股份有限公司
地　　址：231新北市新店區民權路108-1號8樓
粉 絲 團：https://www.facebook.com/Happyhappybooks/
電　　話：(02) 2218-1417　傳真：(02) 2218-8057
發　　行：遠足文化事業股份有限公司
地　　址：231新北市新店區民權路108-2號9樓
電　　話：(02) 2218-1417　傳真：(02) 2218-1142
電　　郵：service@bookrep.com.tw
郵撥帳號：19504465
客服電話：0800-221-029
網　　址：www.bookrep.com.tw
印　　刷：通南彩色印刷有限公司
電　　話：(02)2221-3532
法律顧問：華洋法律事務所 蘇文生律師
初版一刷：2021年4月
定　　價：380元

Printed in Taiwan

奏，傷害其自主性，很容易讓孩子對學習失去興趣。

對內向的孩子來說，這個階段他們如果能從學業中獲得成就感，這種成就感所帶來的高自我價值感和自信心將伴隨他們一生。相反，如果孩子無法從學業中獲得成就感，由此而來的自卑感也可能影響他們的一生。

十二歲至十八歲

關鍵字　自我同一性．角色混亂

接下來是內向的孩子走向成年前最重要的一站：青春期。

青春期孩子的最典型表現就是叛逆，像個小刺蝟一樣很容易扎傷身邊的人。其實，叛逆只是表象，內在核心是：「我要開始接管自己人生的方向盤，我的生活我做主。」

如果說孩子在之前的生活中，聽從父母和老師的安排，扮演一個順從的乖孩子角色；那麼進入青春期後，他們的自我意識會開始覺醒，他們想推開父母，按照自我的意志來安排自己的人生。在艾瑞克森看來，青春期最重要的人生課題，就是建立自我同一性。所謂自我同一性，就是一個人對我是誰、我想成為什麼樣的人，有了逐漸清晰和穩定的認識。

內向的孩子和外向孩子略有不同。外向的孩子在自我同一性進程中更關注具體的問題，比如我的學業成績應該達到什麼水準，我喜歡和什麼樣的人做朋友，將來我要選擇什麼樣的職業。而內向的孩子在自我同一性進程中更關注抽象的問題，比如我的

價值觀是怎樣，我的人生理想是什麼，生活的意義是怎樣。

建立自我同一性，不僅取決於自己怎麼想，怎麼看待，還取決於現實生活的回饋。簡單來說，如果青少年身上種種叛逆的言行能夠得到父母和老師的包容與接納，就更容易幫助他們平穩地走出這段青春風暴。

對內向的孩子來說，這種被接納不僅是生活層面，更重要的是精神層面。如果父母能夠理解自己的一些想法和念頭，在一些重要問題上能夠與父母產生精神共鳴，就有助於形成穩定的自我，找到自己在生活中的位置。

相反，如果父母和孩子之間缺少尊重、理解，經常爆發衝突，就可能導致孩子在心理上產生角色混亂，也就是不知道自己是誰，不知道自己想要什麼，整個人會陷入一種迷惘的狀態中無法自拔。

另外需要注意的是，青春期的孩子太叛逆讓人頭疼，但太聽話也未必是好事。太聽話說明孩子的自我還處於沉睡狀態，在該破土而出的階段沒有萌芽。這種情況容易引發中年叛逆，也就是在三十歲左右，有的人會遠走他鄉，和父母斷絕關係；有的人在婚姻和事業問題上會與父母產生激烈衝突，導致關係緊張；還有的人會選擇躺平，斷絕一切社會活動，躲在家裡啃老等等。

所以，青春期叛逆是人生的必經階段，在該建立自我的時候沒有建立，後面的問題會更複雜、更棘手。

十八歲至二十五歲

關鍵字　親密感・優勢領域

在艾瑞克森看來，成年早期的主要課題是追求和體驗親密感。在感情上，我們走進了戀愛的季節。很多內向者在剛戀愛的時候，愛上的往往不是對方真實的樣子，而是自己想像的樣子。當遇到一個自己喜歡的人時，他們會把自己對愛情的所有幻想和期待都投射到對方身上。這會讓對方顯得更加完美，成為自己心中的女神或男神，使得這段感情更具有浪漫主義的光環；另一方面，在相處的過程中，想像中的對方和真實的對方會有很大的落差，如果不能覺察這種落差，就會讓兩個人在相處時出現很多矛盾和衝突。

在性格的匹配上，因為很多內向者對自己的性格不夠接納，在這個階段更容易被外向的異性所吸引，他們希望借助愛的力量讓自己也變得更活潑、更開朗。如果一個外向者對自己熱情一點、主動一點，而對方又不是自己討厭的類型，內向者很容易動心，並愛上對方。

需要注意的是，外向者往往情緒波動大，脾氣好的時候很好，脾氣差的時候很

差，而且做事缺少耐心，時間久了會讓內向者在感情中沒有安全感。在事業方面，內向者面臨從學生到社會人這樣一種身分的轉變。迷惘著不知道自己適合做什麼，這是內向者在這個階段容易遇到的問題。對剛進入社會的新人來說，一切都需要適應，需要不斷累積社會經驗。在這個過程中，內向的人感到迷惘，經常有挫敗感都是正常的。

有些內向者非常焦慮，害怕自己輸在起跑線上。尤其是看到身邊的人，有的有了很明確的事業方向，有的很善於經營人際關係，借助人際關係來為自己的事業開路，而自己什麼都沒有，就擔心被這個時代拋棄。內向者本身就慢熟，起跑的節奏也很慢，不管學習也好，工作也好，都會顯得比別人慢半拍。但內向者的優點在於厚積薄發，一旦度過了適應期，以後的狀態會越來越好。

剛進入社會的頭幾年是一個人事業上的磨合期。在這段時期，不管你是做出了一些成績還是沒有做出成績，都不是最重要的。最重要的是去試錯，換句話說，經由不斷嘗試，發現自己的優勢領域。

一般來說，內向的人具有優勢的領域是那些獨立性強的工作。所謂獨立性強，就是不需要太多團隊協作，一個人就可以獨自做好的工作。比如，內向者可能更適合選擇成為作家、藝術家、程式師、財務人員、教師、科學研究人員，以及其他專業技術人員等。此類工作更強調專注力和創造力，需要穩定性和深度思考的能力，而這都是內向者擅長的方面。

內向者需要盡量迴避的，是那些對社交技能要求很高的工作，比如業務、公關、

律師職業等。當然，並不是內向者一定做不好這些工作，只是從機率來說，內向者在這些領域沒有外向者更擅長，沒有較大優勢而已。

如果你是一個剛走進社會的新人，在考慮事業發展方向時，最好還是選擇適合自己性格的工作，進入的門檻更低，獲得的成就會更大。

有些內向者可能會擔心，如果一開始選擇的工作缺少與人打交道的機會，會不會越來越自我封閉？這種擔心是有道理的，人人都需要鍛鍊自己的社交能力，但如果因為有這樣的擔心，而選擇對社交技能要求特別高的職業，這樣的選擇順序是不合理的。

我們之前討論過，培養社交能力的關鍵並不在於技巧，而在於心態。如果你在人際交往中坦然自若，不卑不亢，即使話不多，也不會有人輕視你。內向者在社交中的問題就是沒自信，內心容易慌亂。怎樣才能獲得自信呢？從根本上說，自信還是基於一個人的成就，尤其是事業上的成就。

如果你能先做一份適合自己的工作，在工作中獲得成就感，內在的自信心就可以被激發出來。然後你再擴展一下自己的舒適區，再去參與一些需要和人打交道的工作，慢慢地，你的自信就建立起來了。所以，我們一定要注意選擇的順序：先做自己擅長的，再拓展自己不擅長的領域，而不是一上來就去做自己不擅長的。

二十五歲至三十五歲

關鍵字 婚姻・核心價值

感情上，內向者經過一段時間的戀愛洗禮後，會走向婚姻。當然，不是所有人都嚮往婚姻。有些人在感情中屬於迴避型依戀類型，在內心深處害怕特別親密的關係。他們的典型表現是自己可以喜歡一個人，但是當發現對方也喜歡自己或者想和自己結婚時，就會本能地抗拒，然後落荒而逃。他們之所以恐懼親密關係，是因為潛意識中不相信有人會真正愛自己，認為既然如此，不如主動遠離。

還有些人選擇單身，這是因為在成長的過程中，他們的父母關係不好，或者有出軌、離婚等創傷性事件，導致這些人不再相信婚姻，於是他們經由單身的方式來避免原生家庭中所體驗到的痛苦感受。

對於想走進婚姻的人來說，在這個階段他們關注的問題是：對方是不是自己生命中那個對的人？關於什麼樣的人才是對的人，這是很個人化的問題，不同的人有不同的標準。當然，從經驗的角度看，也有一些共同標準可以參考。對於內向者，他們在伴侶的選擇上更看重以下這些：

- 能聊天。
- 有相同的興趣愛好。
- 價值觀一致。
- 相互尊重和理解。
- 有責任心，有安全感。

內向者在選擇伴侶時，會把精神需求置於物質需求之上。

當然，追尋愛從來不是一件容易的事。有些人很幸運，一下就遇到了可以相伴終生的人。但更多的人在感情中是摸著石頭過河，很多時候會犯錯，會遇到錯的人。

在心理諮詢的過程中，我們經常遇到這樣的求助：「我現在和對方在一起很痛苦，但之前也有過很多快樂時光，所以到底該不該放手呢？」

其實，放手從來不是一個該不該的問題，而是一個想不想的問題。感情中沒有對錯，只有合適或不合適。一個人即便很好，但如果不適合你，或者給不了你想要的生活，那麼也可以主動放手。

內向者尤其需要重視這個問題。我們習慣堅持一段關係，而不喜歡主動放棄一段關係，哪怕這段關係帶給自己的痛苦遠大於幸福。敢於放手，也是感情中很重要的一種能力。當你發現走錯路的時候，就要及時停下來。及時止損是所有人都要面對的人生課題，畢竟，只有離開錯的人，我們才有機會遇見真正對的人。

事業上，內向者在逐漸適應職場後，開始走向事業發展的上升期。這個階段最容易遇到的問題是，有的人勤勤懇懇工作了好幾年，很努力，也很有責任心，但就是沒有取得什麼成就，一直在原地踏步，沒有得到升職加薪。

造成這種停滯的關鍵原因，在於他們沒有弄清楚自己在職場上的核心價值是什麼。所謂核心價值，就是你身上具有的別人無法替代的能力。如果你擁有一些獨特的能力，別人做不到的，你能做到；別人做得一般的，你能做得非常好，那你就是有核心價值的人。

你有了自己的核心價值，才有說話的資本，因為你無法被輕易地替代；你有了自己的核心價值，才有本錢和別人談合作，因為你身上的能力是一種其他人都想要的稀缺資源。而要培養自己的核心價值，就需要在時間和精力上做好取捨和分配。簡單來說，你應該把最多的時間和最好的精力放在最重要的事情上，在關鍵能力上不斷學習和提升。而對於那些瑣碎的、程序化的、不重要的事，不必耗費太多心血。

當然，核心價值就像羅馬城，並不是短時間就可以建成，需要時間的累積。只要我們擁有恆心，成功就是機率很高的事。

三十五歲至五十五歲

關鍵字　陪伴・自我實現

自中年期開始，我們的人生步入下半場。心理學家榮格認為，中年期是一個人關注點和興趣的轉變期。一個人如果在前半生把主要精力都投注在外在世界，比如工作、人際交往，在後半生，他會重新審視自己的生活，轉而關注此前一直被忽略的內心世界。這種轉變我們可以稱之為由外而內。外向者通常遵循的是這樣的人生路徑。

對內向者來說，中年期也存在著轉變期，只不過方向可能相反。內向的人前半生更多地活在自我的世界中，對外在世界充滿了不安和排斥，但是從中年期開始，他們會轉而探索外在的世界，生活的重心會由內向外發生轉變。

比如社交上，年輕時內向者排斥社交，不願意和不太熟悉的人交往，覺得人情往來虛偽造作是一種負擔。但隨著生活閱歷增加，內向者慢慢發現社交並不是多麼不堪的事，人與人之間的交往，哪怕是陌生人，也有很多樂趣和價值。

這種心態的轉變，促使很多內向者開始重視各種社交活動，並樂在其中。他們在人際交往中也不再一味地被動，而是開始主動和自己感興趣的或者有關聯的人來

往。這些新的社交體驗，可以讓內向者的人生拼圖更完整。

感情上，內向者逐漸擺脫了理想化的傾向，不再將自己的愛人當作完美無瑕的神，也不再要求自己完美。他們開始看見真實的對方和自己：重要的不是你有多好、我有多好，而是我們兩個人在一起是否舒服，是否能真正地做自己。

按照愛情三角理論，中年婚姻中人們的關注點已經不是激情和浪漫，而是陪伴。好的陪伴有如下特徵：

- 尊重對方的想法和意願。
- 遇到事情能好好溝通。
- 困境中能夠相互扶持。
- 有話聊，喜歡分享生活的點滴。

如果陪伴有了狀況，兩個人的婚姻則容易出現兩個問題。

一是愛情沉默症，主要表現是兩個人沒有明顯的矛盾，也很少激烈爭吵，但在一起的時候話越來越少，越來越沉默。兩個人各忙各的工作，各玩各的手機，名義上是情人，實際上更像是室友。

二是出軌，當婚姻生活越來越平淡，或者相處的過程中矛盾重重時，有些人會選擇出軌：既然你滿足不了我，就找個能滿足我的人。人在出軌時經常有一種錯覺，覺

得這個人能理解自己、懂自己，這才是真愛。但實際上，這種愛是建立在對現實生活的逃避基礎之上。即便有一天，兩個人擺脫原來的婚姻真正走到一起，還是不可避免地要面對柴米油鹽，要面對兩個人之間的種種差異，問題依然存在。

所以，婚姻是需要用心去經營的。如果我們不努力，就很容易掉進各種陷阱之中。

事業上，內向者同樣面臨一個重要轉變。人生的前半段，我們的主要任務是培養能力、累積資源。在這個階段，我們在意的是自己能做些什麼。而在人生的後半段，我們則開始思考另一種問題：我喜歡什麼？我真正想要的是什麼？心理學家馬斯洛將這種需求稱為自我實現的需求，一個人只有做自己真正喜歡的事情，才能真正地實現自我。所以在中年期，很多人會開始重新調整自己的職業規畫。有些人會辭職創業，按照自己的想法和意願做想做的事；有些人會更換賽道，從頭選擇一個自己真正喜歡的行業。

這裡需要澄清的一點是，一個人的自我實現離不開成就感。而成就感的來源有兩種：一種是外在的成就，也就是我們在事業上所獲得的成績，這一點很容易理解；另一種是內在的成就，比如一個人的學識、看問題的眼光和格局、做事的心態等等。人們往往過於看重那些看得見的成就，覺得那才是唯一的成功。但人生閱歷豐富的人都知道，內心的成熟同樣是人生中寶貴的財富。

內心成熟的人擁有一種能力，即便是做很普通、很平凡的事，也可以從做事的過程中獲得滿足和成就。從某種意義上說，與常識相反，這是一種更高級的成就。

五十五歲以後

關鍵字 自我完善・與自己和解

至此，我們走進人生的最後一個篇章——老年期。在這個階段，我們會經常回顧自己的人生。如果我們認為自己這一生很有價值和意義，就會有一種自我完善的滿足感。而如果認為自己這一生充滿了挫敗和遺憾，有很多想做的事沒做，失望感就會成為評價自己人生的主要感受。

老年期最重要的人生課題是與自己和解。不管取得了多大的外在成就，也不管留下了多少的人生遺憾，其實這些都不是最重要的，重要的是，你經歷了什麼。

人生的本質就是一場時間有限的體驗。當時間到了，可以確定你不會帶走任何東西，但這並不是說我們的人生就是一場虛空，就沒有任何價值，它真正的價值在於你有沒有珍惜這段時間，有沒有好好去體驗和感受。當我們放下對一個個外在結果的執念，接納生活的不完美，接納自己的局限和缺陷時，就真正實現了與自己的和解。

延伸閱讀

自我發展的年輪

上文中，我們以時間為軸，討論了人生路線圖上重要的幾個關鍵，希望能為內向者的人生之路提供一些指引。

從另一個角度說，自我也有一個抽象的發展年輪。認識和理解這個年輪，對我們經營好自己的人生有很大的幫助。

簡單來說，一個人的自我有三個層次。

第一層是純粹自我。在這個自我裡，完完全全只有自己，沒有他人。當你獨處時，或者完全沉浸在內心世界裡、忘記周圍的一切時，體驗到的就是純粹的自我。有時候，你開車回到家，熄火後不會馬上下車，而是會在車裡發一會兒呆；有時候，夜已經很深了，家人都睡了，就剩你一個人，你會莫名地珍惜這樣的時光。在類似這樣的時刻，我們一般會理解為：給自己一點空間，和自己待一會兒。其實所謂和自己待一會兒，就是和內心的自己建立連接，體驗一會兒純粹的自我。

第二個層次就是家庭自我。我們為什麼要和自己的愛人組建一個家庭呢？除了社

會慣例、繁衍後代的原因，從心理層面看，還有一個自我擴張的原因。

純粹的自我是個很小的自我，我們不會滿足於這個小我，因為這個小我雖然純粹，但是力量太小了，所以我們的自我會利用一切條件讓自己變得盡可能大一點。

而當你和你的情人組成家庭，建立了親密關係後，對方身上的特質在某種意義上也就成為你的一部分。比如，內向的妻子不擅長社交，但是自己外向的丈夫很擅長。當內向的妻子遇到社交上的難題，自己搞不定時，就可以經由丈夫來解決。這就相當於內向的妻子也擁有了部分外向的特質。

這就是家庭自我的價值，我們的家人成了我們自我的延伸，幫助我們獲得自己原本不具有的一些能量，讓我們擁有一些原本自己缺乏的能力。

第三個層次是社會自我。不管是朋友也好，同事也好，還是其他相處的人也好，當他們願意為你做一些事情的時候，在某種意義上，他們就會成為社會自我的一部分。這也是外向的人喜歡與人交往、喜歡到處交朋友的原因之一。

一個人的社會自我越發達，他擁有的力量就越強大。自己搞不定的事情，讓能搞定的朋友出面解決；自己不擅長的工作，讓擅長的同事來做就可以。因此，當你的資源足夠多的時候，你就會有一種全能的感覺，似乎沒有什麼是自己解決不了的。

如果說純粹自我是小我的話，那麼社會自我就是大我。

這個大我在理論上可以無限大，它賦予一個人的力量在理論上也可以是無限大的。

這也是有些人控制欲特別強的原因。控制欲強的人總是用各種方法誘導、甚至強迫別人去做自己想做的事，對方就會成為這種人實現自己意志的工具。正是因為有這樣的好處、正是因為控制他人可以讓一個人的自我如此膨脹，所以控制欲強的人才會樂此不疲地去控制他人。

對內向者來說，純粹自我和家庭自我是他們比較享受的角色，但對社會自我而言，人生的前半段會比較弱小一點。

因為剛開始，內向的人對外在世界沒有安全感，很害怕被別人的意志吞噬，成為別人掌控的工具。所以，他們會減少與別人交往，在個人和家庭的小世界裡活動，因為在這些領域內會更有安全感。

但是，當一個內向的人經歷的事情多了，內心足夠強大了，與別人交往時不用擔心被控制，他們增強社會自我的時機就成熟了。這個時候，內向者就需要擴大自己的舒適區，經由更多的人際交往，讓自己的社會自我獲得發展。如果你能邁出這一步，最終，你的自我就會真正舒展開，像一朵美麗的花，一層一層地完全綻放。這是一種很美好也很圓滿的體驗。希望有一天，你也能達到這樣的圓滿。

國家圖書館出版品預行編目 (CIP) 資料

對不起，我可能對人過敏 / 吳冕著 . -- 初版 . -- 臺北市 : 晴好出版事業有限公司出版 ; 新北市 : 遠足文化事業股份有限公司發行 , 2024.07
272 面 ; 17×23 公分
ISBN 978-626-7396-78-0 (平裝)

1.CST: 內向性格　2.CST: 人際關係　3.CST: 生活指導

173.761　113006837

S19

對不起，我可能對人過敏
給I型人的使用說明書

作者｜吳晃
責任編輯｜鍾宜君
封面設計｜Rika Su
內文設計｜簡單瑛設
校對｜呂佳真

出版｜晴好出版事業有限公司
總編輯｜黃文慧
副總編輯｜鍾宜君
編輯｜胡雯琳
行銷企畫｜吳孟蓉
地址｜104027 台北市中山區中山北路三段 36 巷 10 號 4 樓
網址｜https://www.facebook.com/QinghaoBook
電子信箱｜Qinghaobook@gmail.com
電話｜（02）2516-6892　傳真｜（02）2516-6891

發行｜遠足文化事業股份有限公司（讀書共和國出版集團）
地址｜231023 新北市新店區民權路 108-2 號 9 樓
電話｜（02）2218-1417　傳真｜（02）2218-1142
電子信箱｜service@bookrep.com.tw
郵政帳號｜19504465（戶名：遠足文化事業股份有限公司）
客服電話｜0800-221-029　團體訂購｜02-22181417 分機 1124
網址｜www.bookrep.com.tw
法律顧問｜華洋法律事務所／蘇文生律師
印製｜通南彩色印刷股份有限公司
初版一刷｜2024 年 7 月
初版二刷｜2024 年 7 月
定價｜420 元
ISBN｜978-626-7396-78-0
EISBN｜978-626-7396-810 (PDF)
EISBN｜978-626-7396-827 (EPUB)